JN135009

87歳と85歳の夫婦
甘やかさない、ボケさせない

神津善行
中村メイコ

GENTOSHA

はじめに

２０１６年、リオ・オリンピックに私、熱狂しました。連日、徹夜をしてリアルタイムで観ていたのですから、82歳の老婆にあるまじき行為。そして、２週間の「お祭り」が終わったとき、つぎは無理だな、と思いました。

弱った脚、落ちた体力と記憶力を考えると、４年後の東京オリンピックまでは生き延びられそうもない。それでいいし、そうあってほしいと願っていました。

子どもたちもすっかり大きくなって、孫も３人いるし、女優歴もギネス級の80年で、神津善行サンとの結婚生活もすでに60年。あのときの私は、役もお料理もおしゃれも結婚生活もすべてやりつくして、この世に何の未練もなかったのです。

そしていま、東京オリンピックまで１年を切りました。なぜか私はまだ生きています。３年まえよりも脚はさらに弱り、体力も記憶力もさらに衰えましたが、まだ生きています。

あと1、2年もしたら、異様に長かった長期公演も終わりを告げ、幕が静かに下りるものだと期待してもいたのに、長寿社会の人生には「カーテンコール」というものがありました。そして、カーテンコールでは思いもかけなかったことが起きています。しかも、カーテンコールもなかなかどうして捨てたものではないな、と思えるようなことが起きているのです。

たとえば、神津サンは私より2歳年上で、現在87歳です。87歳のジイサマが、ジイサマなのに、癪にさわることに、私に対してひどく厳しいのです。

私はいまも1日おきくらいに仕事や何やかやで、出かけています。たまの休みにはどっと疲れが出るのも年のせいでしょう。なのに、バスローブのまま部屋にいたりすると、神津サンが「なんでもいいから洋服を着ろよ」と言うのです。「それ、さっき聞いたよ」と注意されるのもしょっちゅうです。年なんだから、仕方ないでしょ、いちいち指摘しなくてもいいじゃないの、と思うけれど、神津サンは大目に見てはくれません。

腹が立ちます。ムッとします。が、神津サンのおかげで、「年なんだから」と、年齢を言い訳にして自分を甘やかすことができないこともたしかです。そして、そのことが適度な緊張感と刺激になってボケの予防にもつながる気もします。

しかも、驚いたことに、神津サンは脚がすっかり弱ってしまった私にかわって、なんとお料理をつくり、食器を洗ってくれるようになったのです。

中村メイコを甘やかさないことで、ぼけさせないようにして、でも、なるべく家事の負担は減らしてやって、なんとか最後の最後まで元気よく生かしてやろう、というのが、どうやらいまの神津サンの一大テーマのようです。

神津サンが私にかわって家事をしてくれる。このまさかの、仰天体験はカーテンコールがあったおかげにほかなりません。人生のカーテンコール、それも老夫婦そろってのカーテンコールは、なかなか味わい深いものだと思いませんか？

ただし、味わい深いからといって、60年以上も一緒に暮らしている夫婦が飽きないでいられるという保証はどこにもなく、実際、私も神津サンに飽きているし、神津サンも私に飽きていることはほぼ間違いないでしょう。

そこで、ひとりだけの時間をなるべく多くもつようにしています。ひとりで本を読んで、テレビを見て、音楽を聴いて、ボーッと外の景色を眺める。そのようなひとりの時間があるからこそ、ふたりでいる短い時間が楽しく感じられます。

というわけで、日常のそんなこんなを、85歳と87歳の夫婦がかわるがわるに綴ってみました。子どもや孫のこと、なつかしい友人のこと、老人ホームや死やお墓のこと……。長年連れ添った夫婦でも考え方や感じ方がこれほど違うものかと、おもしろがって読み進めていただくのも一興でしょう。乞うご期待!

２０１９年９月

中村メイコ

87歳と85歳の夫婦　甘やかさない、ボケさせない　目次

第1章
老夫婦の「日々是好日」

第2章 愛する家族と忘れられない友人のこと

第3章 老いと向き合う日々

第4章 終活と最期に向けて

第１章

老夫婦の「日々是好日」

料理をつくるのは妻の役目？

メイコ

60年守ってきた台所を明け渡す

夜の7時まえにひと寝入りして、目を覚ましたら、キッチンで物音がしました。何の音かと思ってキッチンに行ってみると、神津サンが食器を洗っていたのですから、まさに青天の霹靂《へきれき》です。

台所のことはずっと私がしてきました。明治生まれの母の影響もあって、家のことをダンナさまにさせてはならないと、半分意地になって家族のために毎日、朝晩の食事をつくって、子どもたちにはお弁当もつくり続けてきたのです。

それがさほど苦ではなくて、むしろ、「おうちのこともやったわよ、セリフも、お芋を煮ながら覚えちゃったわよ」という自分に満足し、そして、仕事と家事を両立させていることが、生きるうえでのひそかな自信にもなっていました。

だから、脚が弱っていても、老眼鏡を冷凍庫のなかに見つけて仰天しても、お塩とお砂糖を間違えても、めげずにせっせと毎日、台所に立ち続けてきたのです。

なのに、神津サンが食器を洗っている、夜中に、ひとりで……。腹が立ってきました。目が覚めたら、洗うつもりだったのに、私の仕事をとりあげないでよ。そう言おうとしたとき、神津サンが振り向いて、「寝てなよ、おれが洗っておいてやるからさ」。

おはよう、今日はいい天気になりそうだね、といったやりとりのような、ごく自然な口調でした。すると、神津サンが食器を洗っていることも、ごく自然なことのように感じられて、肩の力がふっと抜けていきました。

そんなに意地を張らなくたっていいじゃない、脚も、頭も老いて、劣化してきたんだから、脚も、頭も私より元気な神津サンに洗いものをしてもらってもいいよね、と素直に思えたのです。

そういえば、「あんたの洗い方はこのごろ、ひどい。おれがやるよ」などと憎まれ口を叩《たた》いていましたっけ。あれが「前兆」だったのね。

その数日後、今度は朝から神津サンが台所に立っていました。目が点。「いいから、あんたは座っていなさい」。そして、「はい、牛乳を飲みなさい」「はい、パンを食べなさい」「はい、イチゴを食べなさい」と、つぎつぎに私のまえに並べていくのです。イチゴにいたっては食べやすいように小さくカットされています。

私よりもずっと上手……。イチゴの瑞々しい切り口を見れば、悔しいけれど、認めないわけにはいきません。60年間、私がつくり続けてきた料理がいかに雑で、大雑把《おおざっぱ》で、いい加減だったたか。私は打ちのめされ、でも、すぐに思ったのです。

最近でこそ女性の優秀なシェフも増えているけれど、20~30年以上まえは一流の料理人やシェフは男性と相場が決まっていました。だから、神津サンのほうが上手でも気にすることはない。

「能ある鷹《たか》は爪を隠す」ということわざがあります。私のお料理を食べながら、神津サンは、いまに目にもの見せてやる、とじっと機会をうかがっていたのかもしれません。

神津サンがお味噌汁をつくってくれたときには、全面降伏しました。めちゃくちゃおいしかったのです。85歳、中村メイコはそのとき、約60年間、守ってきた台所、私の城を、神津サンにほぼ完全に明け渡すことにしました。

すると、体力的にも精神的にも、とてもラクチンになりました。いつまでも意地を張らないでよかったわ。

神津

元気なほうがやればいい

女房がだいぶん衰えてきたので、台所のことはほとんどぼくがやっています。

はじめに食器を洗うようになりました。女房がやると、指の力がないので、汚れが落としきれないし、皿の表しか洗わないから、裏側はそのままです。いちばん気になるのは、洗剤の使いすぎ。スポンジにたっぷり洗剤をつけて、泡をいっぱいにして洗わないと、汚れがとれないと信じているのです。

昔は、たとえば、おふくろが洗った食器を姉貴が受けとって、フキンで拭いていたものです。食器に残っている洗剤も水気と一緒にフキンで拭きとることができました。ところが、近ごろは食洗器を使うから、洗剤が残っていれば食器にこびりついたままの状態で乾いてしまいます。

いまの洗剤は、1滴でギトギトの油も落とせるほど強力です。食器の表面にこびりついた洗剤がスープなどと一緒におなかに入っていけば、その強力な洗浄力で腸の内壁の脂などを溶かさないわけがなく、そのようなものがおなかに溜まっていけば、体にいいはずがありません。

はじめのうちはぼくが洗いものを手伝おうとすると、機嫌が悪くなったので、女房が寝てからこっそり洗い直したりしていました。が、80歳をすぎたころから、

「ほら、ミルクがまだ落ちてない」「洗剤、そんなに使うなよ」などとはっきりと伝えるようになり、そして、なんとなくごまかしながら、ぼくがやるようにしていったのです。

いちいち文句を言うより、台所のことはぼくがやればいいんです。そのほうが女房も、ぼく自身も嫌な思いをしなくてすみます。残り少ない人生を、老夫婦が平和に生きていきたければ、できるほうがやるのが当然だし、合理的でしょう。

というわけで、食事も2食ともぼくがほとんどつくるようになりました。女房がつくると、砂糖を入れたつもりが塩だったりする。しかも、若いころからなぜか味見というものを一切しなかったから、間違いに気づかないまま、平気でテーブルに出すわけです。

砂糖のかわりに塩がたっぷり入った魚の煮つけ。あれはしょっぱかった。でも、それを指摘するのは女房に悪いから、がまんして平らげました。

味のことだけでなく、脚が弱っている女房がガスの火をつけて煮炊きをする姿はどうにも危なっかしいのです。これではもうぼくがやるしかありません。

いまでは、女房が味噌汁を食べたいと言えば、仰せのとおりにします。でも、ふつうのつくり方ではない。健康食品として売られているシジミ汁を加えるのがミソです。使うのはフリーズドライの味噌と具がパックになったインスタント。鍋にシジミ汁と具と味噌を入れて、あとは湯を注いで終わり。あっという間にできます。シジミの風味が加わって、ふつうの味噌汁にはない格別な味です。

食事をつくるといっても、うちは夫婦して少食です。朝はヨーグルトとパンにフルーツを添えるぐらいですし、夕食も魚や肉を簡単に焼いたり、煮つけたりする程度。幸い、マンションのすぐそばにスーパーがあって、そこのサバの塩焼きがなかなかおいしい。それを買ってきてすませることもあります。

女房が「魚が食べたい」と言えば、缶詰の魚を使ったりもします。サバ缶、ツナ缶、イワシ缶、カニ缶……。缶詰めを活用すれば、魚を手軽に楽しめます。

時間のないときには、レトルトのごはんにかぎります。電子レンジでわずか2

分ほどでできあがり、しかも、けっこうおいしいのです。

料理本のとおりにつくらなければならないと思うのが、そもそも間違いで、自分でつくり方をあれこれ工夫すればいい。えらい人がいくらモーツァルトの弦楽四重奏がいいと言っても、流行歌が好きなら流行歌を聞けばいいのと同じです。ちなみに、モーツァルトの弦楽四重奏は音楽を専門に勉強している人間でもときに、最後まで聴くのが苦痛だったりします。

ぼくの得意料理のひとつが「鯛《たい》めし」です。料理屋で食べたのがうまかったので、自分でもつくってみました。下処理した鯛を買ってきて皮を剝《は》いで、身だけ蒸して塩をします。皮は焼くんです。で、アツアツのごはんに身と皮をのせてかきまぜれば、これが鯛めし。皮は香ばしく、身の淡泊な味わいが実に上品です。

料理をするよりも、自分の部屋にこもって作曲をしていたいけれど、自分でつくると、自分の好みの味にできます。ぼくは昔から料理をつくりたかったのかもしれません。

夫婦喧嘩を避けるコツ

神津

女房にあやまるが勝ち

相手を嫌いになる理由は、そのへんにいくらでも転がっています。子どものしつけの仕方や、金遣い、浮気といった大問題から、しゃべり方や箸の使い方、服装といったささいなことまでさまざまなことがきっかけで、相手を嫌いになり、そして、そういった「嫌い」をいくつも寄せ集めて束にして、夫婦は別れていくのだと思います。

でも、夫婦と言っても別々の人格。意見や気持ちが違っていてあたりまえなのですから、違っているからと、いちいち目くじらを立てないこと。そうすれば、

「嫌い」を寄せ集める行為にかなりブレーキがかかるでしょう。

結婚以来、ぼくは夫婦《ふうふ》喧嘩《げんか》の回数や規模を小さくすることに心を砕いてきましたし、最近はその傾向がとくに強くなりました。ぼくはもともと家庭の平和をなによりも重んじる人間です。

ときどき女房がブワーッと文句を言ってくることもあります。言い返せば喧嘩になります。こまかいことをあれこれ指摘して、反論すればするほど、喧嘩の深みに嵌《はま》っていきますから、悔しくても、腹が立っても、黙って話を聞いて、最後は「あ、そう。悪かったね」とあやまることにしています。

言われっぱなしだった悔しさや腹立ちは、ひと晩寝たくらいで忘れることはなかなかできません。だからといって、感情に引きずられて、嫌味を言ったりしてはダメなんです。女房が前日のブワーッを思い出しますから。

では、どうすればいいのかというと、感情とは裏腹の明るい声で、「どう、仕事、うまくいったかい?」などと聞くのです。すると、女房はほぼ百パーセント、

「うまくいった、いった」などとご機嫌で答えます。こうして、よけいな諍《いさか》いが避けられて、おたがい嫌な思いをしないですみます。

あやまるのは本当に悔しい。けれど、夫婦喧嘩は、車両が日常からはずれて脱線している状態で、もとのレールに戻すには、「さっきはごめんね」のひとことが必要になります。感情に引きずられるままに意地になって言い返せば、車両はレールからさらに大きくはずれていき、もとのレールに戻すことがむずかしくなり、場合によっては転覆しかねません。

だから、できるだけ黙って聞いて、あやまるという作戦をとっています。この作戦は、女房への愛からではなく（もちろん、ぼくは女房を愛していますが）、自分の心の平和と幸せのために実践しているのです。

相手のちょっとした行動にも人は少し傷ついたり、少し不愉快な気分にさせられたりするものです。「少し」であっても、年老いた身には案外、こたえるし、尾を引きます。なので、相手が気分を害さないように、こまかな配慮や気遣いが、平穏な結婚生活をおくるうえでは不可欠でしょう。

メイコ

一緒の時間を最小限にする

老夫婦がしてはいけないこと、それは喧嘩です。喧嘩による感情の浪費やエネルギーのムダ使いはかなりのもので、役者をしていても、夫婦喧嘩を演じるときほど体力的にも精神的にも疲れることはありません。

年をとったら夫婦喧嘩をできるだけ避けること。これが残り少ない日々をおたがいに機嫌よく、したがって、幸せにすごすための秘訣でしょう。

そのためのコツは、顔を合わす時間を減らすことです。一日べったりふたりで顔を突き合わせていたら、たとえ仲のいい夫婦でも、相手のちょっとした物言いにカチンとくるし、仕草やクセが鼻についたりしますよね。

私の仕事がお休みで家にいる日でも、顔を合わす時間は短いほうでしょう。朝食を食べ終わったら、神津サンは自分の部屋に閉じこもって仕事をして、午後のお茶の時間にようやくお出まし。けれども30分ほど顔を合わせたら、また別々になり、そして、夕飯のときに1時間ほど一緒におしゃべりをする程度です。

顔を突き合わす時間をなるべく短くしていても、年をとると堪《こら》え性がなくなるせいか、はたまた長いあいだ、少しずつ心の底に堆積し続けた恨みつらみがかたちを変えて浮上してくるせいか、老夫婦というものは、顔を合わせる時間がたとえ短くても、ささいなことでカッとするもののようです。

私もカッとすると、つい嫌なことを口走ってしまいます。そのままにしておくと、本格的な喧嘩に発展しかねません。だから、即刻、あやまります。

先日も、「あんたのそのコート、早くしまいなさいよ」と言われ、ムッとしました。

「わかってます、あとで片づけますってば！」

嫌な言い方をしてしまいました。すぐに神津サンの仕事部屋のドアをノックして、「申しわけございませんでした。今度はもう少し色っぽい言い方をしますから」「気持ち悪いから、早くあっち行け」。

あちらもジイサンになってきたから、同じことを何度もクドクドと言います。「ガスレンジのそのつけ方、危ないって言っただろ、ぐっと押し込んでから、ウンタラカンタラ……」。2回まではがまんしたけれど、3回目には爆発しました。

「わかっているってば!」

そのときも、やっぱり神津サンの仕事部屋のドアをコンコン。香港からきた友だちという役を設定し、話し方を変えてみました。

「お宅の奥さん、年とってかわいそう。何回、同じことダンナさんが言っても、忘れるある。気の毒ね、ダンナさん」

「わかった、いいから、早くあっち行け」

また追い払われてしまいました。

喧嘩の種になるようなことは、言わないで飲み込む。老夫婦の平和のためにはこのことも大切です。テレビを見ていて、「この人って……」と言って、そのあとに「いいよね」と続けようとしたら、神津サンが横から、「嫌な女だな、大嫌いだ」。

若いころなら、どうしてその人が嫌いなのか、あなたはどういう趣味をしているのか、などと追及したところですが、ジジババになって、他人のことで揉《も》めたくないから、「そうね」と言っておしまいにしました。

テレビに出ているタレントの好き嫌いは、たわいのないことのようですが、ときに意外と根の深い問題だったりします。自分が好きだと感じている人間を相手がけなすと、自分の価値観や美意識、ひいては自分自身までもけなされて、否定されたような気になったりすることもあります。

夫婦は別々の人間。同じように感じたり、考えたりするわけではない、と思い定めて、無用な異論を挟まず、不要な衝突は避けることが年寄りの知恵でしょう。

若いうちはぶつからなくてはダメ。年をとったら、ぶつかってはダメ。若い夫婦なら本気でぶつかって、喧嘩をしつつ、おたがいに直せるところは直していきながら理解を深め、いい夫婦になっていく可能性があります。

けれど、年をとったら、その可能性は限りなくゼロに近く、いまさら直らないし、直せません。

神津

老夫婦に必要なのは「ウソ」

喧嘩を小さくおさめて、その回数を減らすためには、言ったほうがいい言葉があります。たとえば、奥さんが夕飯をつくっていたら、「手伝おうか」と聞きます。「いいわよ」と言われたら退散するし、「助かるわ」なら手伝えばいい。

ダンナさんがそういう気持ちをもってくれていると感じられれば、奥さんの心も和み、穏やかに保たれます。食卓の椅子にふんぞり返って「メシはまだか」では、そりゃあ奥さんもダンナさんのことがほとほと嫌になりますって。

長い年月を夫婦として乗り切っていくには、「手伝おうか」といった、相手を思いやる言葉で関係をつないでいくことが大切でしょう。いつも愛し合い、思いやってばかりいる人生などはありえません。あるような顔をしていればよくて、それには、「手伝おうか」のひとことを有効活用するのも方法だということです。

そして、言わずもがなのことは言わない。ぼくは女房のつくった料理を「まずい」と言ったことは、長い結婚生活のなかで1回だけ。「なんで味見をしないんだ」と怒ったことも1回だけです。

「まずい」とは言わないかわりに、「うまい」とも決して言いませんが。

すき焼きは、いまも女房がつくります。ただし、女房はできあいのすき焼きのタレを使うから、微妙に口に合わない。ぼくがしょうゆを足したり、酒を足したりして味を調えるわけです。

目のまえでこれをやったら、女房もおもしろくないでしょう。だから、女房が台所に立っている隙にやります。味見をしない女房は、ぼくが調整したタレの浸み込んだ肉を食べながら、「おいしいでしょ」などと自慢して、至極ご満悦の様子です。

夫婦は必要なことは言ったほうがいいけれど、不必要なことは、がまんするほうがいいのです。

ヘアスタイルを変えても、ダンナは気づきもしない、とよく女性たちが文句を言っています。そのことで責められたら、「あんたは髪形を変えても、きれいなことに変わりないから、黙ってたんだ」とでも言っておけばいいのです。ようは自分から喧嘩を売らなければいい。「ひでえ髪してるな」とは、思っても決して言わないことです。よけいな摩擦を生むばかりなので。

女房が凝っているのが、ネイルです。ネイルサロンとやらで、10本の指の爪全部に違う色を塗ったり、あの小さな面積に花びらなんかを描いたりしてもらっています。マニキュアくらい、自分で塗れよ、と言いたいけれど、それもがまん。

ネイルサロンから帰ってくると、かならずぼくのまえに手をかざして、「きれいでしょ」と見せます。そのとき、ホントに言いたいのは、「だれが見るんだい？」。でも、「じゃあ、ほかの人に見せてくるね」と、あのおぼつかない脚で出ていかれても困りますから、「ああ、きれいだね」と答えておきます。

夫婦関係がスムーズにいくのなら、心にもないことでも、ぼくは平気で言います。気持ちとは裏腹のウソを言うことも含めて、そういうことも飲み込みながら続けていくのが結婚生活だと思っています。

85歳と87歳になって、うまくいかないからと、どちらかがどちらかを放りだすようなことは、人間としてあってはならないことです。かわいがっていたネコを殺して食べてしまうようなものです。そのようなことにならないで、最期までなんとか仲良く添い遂げたいから、ウソも演技も演出も必要だと思っています。

長く続ければ、結婚生活も飽きて当然？

メイコ

過去を夫婦でなつかしむ

60年以上夫婦をしていれば、結婚生活にも、配偶者にも飽きます。私も飽きていますし、神津サンもきっと飽きているでしょう。

ただ、私がラッキーだったのは、神津サン以外の男性とすごす時間が定期的にあったことです。お芝居の1か月地方公演なんていったら、朝から晩まで共演者の男性たちと一緒にいるわけで、神津サンとはその間、顔も合わせなければ、話も電話でときどきする程度でした。

森繁久彌さん、三木のり平さん、三波伸介さん……。イケメンとはあまり縁がなかったけれど、森繁さんも、のり平さんも、伸介さんもおかしくて、魅力的で、たくさんのことを教えてくださいました。

　神津サンは神津サンで演歌からクラシック音楽まで美しい歌手や演奏家の女性たちとも仕事をしてきました。私よりもはるかに長い時間を一緒にすごしていた女性たちもひとりやふたりではないでしょう。

　そもそも、神津サンは女の人が大好きですからね。うちに来た青年には、「きみ、これが今度の譜面だから、家で覚えておいてくれ」とぶっきらぼうなのに、石川さゆりさんが「先生、ここね、わからなくて」と聞くと、にこにこしながら、彼女のもっている譜面を覗《のぞ》き込んで、「どこですかあ」。声まで変わっちゃいます。

　そう言えば、国立音大の附属高校で神津サンの2年後輩だった美輪明宏さんが、まだ丸山明宏と名乗っていたころ、テレビ局の廊下の椅子に座っている私に近づいてきて、こう言いました。

「あなた、神津善行と結婚するんですって？　苦労するわよ、あの人は真面目そうな顔していますけれどね、大変な女たらし。ガールフレンドも数えきれないほどいるのよ」

私は、モテない男性は嫌い。むしろ女の人といっぱい、いっぱい遊んでいる人が好きだったから、へっちゃらでした。いまも美輪さんと会うと、例の声で、「私の誤算だったわ、よくもってるわね、あなたたち」。

いずれにしても、神津サンはお利口さんだから、女房にしっぽをつかまれるような野暮な恋はしないでしょう。

何の話でしたっけ……。そうそう、夫婦が飽きるという話でした。

結婚生活に飽き飽きしているのか、レストランで、ただ黙々と料理を口に運ぶばかりで、ほとんど話をしない老夫婦を見かけることがあります。

変化のない、退屈な日々のくりかえしだけでは、交わす会話も見つからないのかもしれません。わからなくもないけれど、でも、だからこそ、老夫婦はみずから話題をつくりだす努力が必要だと思います。

たとえば、長い月日をともに歩んできた夫婦の歴史のなかから、ふたりの思い出を引っぱりだしては、埃《ほこり》をはたきながら一緒になつかしむのです。初めてのデート、結婚式、子どもが生まれた日のこと、家族旅行、あの世にいる歴代の犬たち……。長く生きてきたぶん、過去へ遡《さかのぼ》れば、話題のタネはいくらでも見つかるはずです。

楽しむコツは、相手を上手にその話題へ引きずり込むこと。そのためには、自分が覚えていることも、あえて忘れたことにして、相手に質問を投げかけます。

「若いころ、箱根に行ったでしょ。急に雨が降りだして、売店まで全速力で走ったのを覚えてる？　あれは箱根のどこだっけ？」

「うん？　待てよ、そうだ、大涌谷《おおわくだに》」

もし相手が思い出せなければ、ほのめかし作戦で。「イオウの匂いがして、大の字がついていた気がする……」などとヒントを出します。このようにして相手を引きずり込む工夫をしながら、会話を転がしていくのです。

間違っても、ひとりでペラペラしゃべらないこと。自分の記憶力をひけらかすかのようなおしゃべりに、ジイサンはうんざりします。夫婦のあいだで会話を成立させたいなら、「忘れたふり」や「ほのめかし」のテクニックを使いこなすことも、とても効果的です。

神津

飽き飽きするような日常が快感になる

人間は飽きっぽい生きものです。同じことを続けていると、じきに興味を失って飽きてきて、新しいことに目移りします。そして、飽きて、新しいものに目が行くおかげで、人間は進歩してきたのでしょう。

飽きっぽいから進歩してきた人間が、同じ相手と何十年も一緒に暮らせば、飽きます。飽きて当然だし、飽きてもいいのですが、ただ、飽きたという思いにばかり意識を集中させて、その思いを積み重ねていけば、最終的には離婚するしかなくなるのかもしれません。

もし離婚を避けたいのなら、「飽きた」という思いを違うものに向けて分散させることです。手芸教室に行ったり、ジムに通ったり、旅行へ出かけたり、といったことで気を紛らわすわけです。

女房もぼくに飽き飽きしているはずです。60年以上、顔を突き合わせていて、飽きないほうがおかしい。

それでも女房は毎回、新しい台本を覚えて、新しい芝居をしていて、85歳になったいまでも、生まれて初めて「亀のしゃべり声」に挑戦しています。このように毎回、違う台本で新しい仕事を始めることが、結婚生活の退屈さや倦怠から女房を救っているのでしょう。

ところで、ぼくのほうも、結婚生活にも女房にも飽きていないわけではありません。ただ、ぼくの奥さんは女優で、いちおう有名人ということになっています。奥さんが有名人という生活は、一度おやりになればわかるでしょうが、いろいろと大変です。大変なぶん、「飽きた感」を多少とも薄められているかもしれません。

大変さの例をひとつだけ挙げるとしたら、ぼくは中村メイコの「教育係」をしなければなりません。世の人たちは中村メイコのことを学があるだとか、物知りだとかお思いのようです。たしかに、子どものころからまわりの大人たちに知恵をつけられてきたから、そういった面も多少はあるでしょう。

しかし、実際には数学も物理もわからない。歴史もほとんど知りません。そういったことがわからなくても、別にかまわないわけですが、女房の場合は、世間の人たちが抱いているイメージというものがあります。

そのイメージに実際の中村メイコを少しでも近づけておかないと、外で恥をかきます。だから、夫であるぼくが教育係をしているのです。

でも、豊臣秀吉ひとつ教えるにも、太閤検地《たいこうけんち》や刀狩などの教科書的なことから入るのは、つまらない。ひょっとしたら嫌味になるかもしれません。そこで、

「豊臣秀吉には秀吉の人生があるんだよ」といった言い方で始めてみます。そのほうが女房も気がラクだろうし、へんに傷ついたりしなくてすむでしょう。

そんなこんなでいろいろ気を遣うわけですが、これはほんの一例にすぎません。とにかく女優と暮らすのは、そうそうラクなことではないのです。

それはともかく、ぼくが女房との付き合い方がようやくわかってきたのは、結婚して数十年たってからでした。数十年もかかって、やっとわかってきた相手と別れるなど、その数十年間の努力が水泡に帰すような行為であり、これではあまりにももったいない。

人は飽きっぽい生きものですから、飽きたからと新しい女性を求めても、その女性にもじきに飽きるに決まっています。その新しい女性にもじきにシワができることですし……。シワ云々はともかく、年をとると、刺激のない、飽き飽きするような日常もまた、心地のよいものです。

メイコ

わかり合えないことがあるからいい

いなければいいのに、とときどき思います。男の人って面倒くさい生きものですから。おもしろくて、楽しいはずの森繁久彌さんであろうと、三木のり平さんであろうと、超二枚目の上原謙さんであろうと、少し長い時間、一緒にいると、面倒くさくなってきます。

女性たちにとって、面倒くさい男性の筆頭がダンナでしょう。神津サンがいくらやさしくしてくれても、面倒くさいときは面倒くさい。私のためを思ってしてくれるもろもろのことが、ありがたいけれども、面倒くさく感じられるのです。

そのこともあって、一緒にいる時間を最低限に抑えようとしているわけです。

そもそもジイサンというのは、こちらが話を聞く気になれないようなときに限って、長々と話し込みます。自分のもっている知識のすべてを相手に伝えたがるのが、多くの男たちの特性です。しかも、年をとるにつれ押しつけがましさが加わるようで、だからでしょうか、こちらがうんざりしていることに気づいているくせに、話を切り上げようとはしません。

「徳川家康はな……」。そんなことをいきなり言われたって、なに、それ？　なぜいま徳川家康なの？　とびっくりするばかり。でも、神津サンは、あんたが恥をかかないように教えてやる、とばかりに話し続けます。

このあいだも、なんでしたっけ、DDT？　PPT？　いや、たぶん、TPP、そう、TPPでした。神津サンが「TPP、知っているか？」「えーと、勉強不足で。株価のことでしたか？」「違う」。

ていねいに、延々と説明してもらったけれど、興味がないことは頭に入ってこないし、たとえ入ってきても、その情報が私の脳に定着することはありません。それでも神津サンは言うのです。

「そんなことも知らないと、恥をかくぞ。きみは外では、多少とも頭のいい芸能人だと思われているんだから」

「そんなことないはずよ。だって、私の顔を見ると、みんな笑うもん」

「いや、それでもＴＰＰのことぐらいは知っておきなさい」

いや、そんなこと、知っておかなくてもいいのです。ＴＰＰを知らなくても、生きていくうえで何の不都合もなければ、さしさわりもない。ＴＰＰがなんたるかがわからなくても、楽しく生きられるし、生きていますもん。

ことほどさように、夫婦っていくつになっても面倒くさいところは面倒くさい。わかり合えないところはわかり合えません。だから、飽きた、飽きた、もううんざり、などと言いながらも、夫婦を続けられるのかもしれません。

考えることも、感じることも同じで、ふたりが一体化していたとしたら、不可解さも不思議さも理不尽さも消えてしまい、そもそも一緒にいる理由もなくなるような気もします。足の親指が痛いときに、神津サンも足の親指を痛がっているよりも、「えっ、どこが痛いんだ？」と飛んできてくれるほうが私はいいな。

男のおしゃれ論、女のおしゃれ感

神津

似合うかどうかは着る者の精神の問題

ぼくの考えるおしゃれについて、その断片を思いつくままに書いてみます。

ぼくはパジャマを上下そろえて着たことがありません。上は上、下は下でよさそうなのを選ぶから、必然的に上下がバラバラになります。おしゃれへのこだわりなどということではなくて、だれに見られているわけではない睡眠中にまで、上下そろえて着せられる筋合いはない、と思うだけです。

長野県の佐久《さく》市にぼくがよく行く洋服屋があります。佐久市は小学生のときの疎開先です。ぼくをいじめっ子から守ってくれたふたりの「戦友」に会いに行ったり、コンサートで近くに行ったついでに、その店へ寄ってまとめ買いします。

東京には汚い格好をしているのが近ごろ多いけれど、地方ではみんなこざっぱりしています。洋服屋も店によっては都会よりもよほど気が利いています。何がいいって、佐久市で買えば、同じものを東京で着ているやつがいないことです。

横尾忠則さんとは古いつきあいです。横尾さんと同じ服装をしている人は、世界中探してもいないことは断言できます。赤だの、黄色だの、緑だのと、まるでチャンチキチンです。女郎の着物みたいな着流しのベロンとしたものを着て、新宿あたりを歩くのですから、みんなが見ます。カッコいいと思って見ます。

人が見て興味をもつような服装をしている自分を、横尾さんは見たいのでしょう。一本筋が通っている。だから、カッコよく見えます。

以前、ケネディ・スーツというのが流行ったことがあります。ケネディ大統領が着ていた、体にピタッと貼りつくような細身のスーツのことです。あるとき、銀座の店で背広をつくるときに、「少し細身にしてください」とお願いしたら、恰幅《かっぷく》のいい仕立屋のおやじさんは承知してくれました。が、仕上がってきた背広を着てみると、ゆったりとしたつくりだったのです。

スーツというものは長い歴史をへて、適度にゆとりがあって、肩パッドもほどほどの高さの、着やすくて、機能美にもすぐれたスタイルが定着しました。おやじさんは若造のぼくの言葉には耳を貸さずに、長い年月をへて定着したオーソドックスなかたちでつくってくれたのです。

同じ仕立屋でも、ただ客の注文どおりにつくる人と、信念をもって、自分がいいと信じるものをつくる人とでは違うことを、そのときぼくは勉強しました。

ぼくらの年代では、奥さんに着るものをそろえてもらっている男性も少なくないようです。ぼくは女房とは趣味が少し違いますから、自分で買ったものを自分で選んで着ています。

うちの奥さんはいい人ですけれど、そうではない奥さんもいます。自分が目立ちたいばかりに自分だけおしゃれして、ダンナには地味で、ダサい格好をさせている。そういう女性をぼくは知っています。夫婦でも油断は禁物です。

年をとると、裾が細くなっているズボンは、脱ぐのも穿《は》くのも大変です。どこかにつかまらなければ、転んでしまいます。それでもぼくが細いズボンを穿いているのは、若い人たちのあいだで細身のズボンが流行っていることも多少はありますが、それよりも、ダボンダボンの太いズボンだと、どこかに引っかけて転ぶことが怖いのです。

カッコがどうのこうのと言うまえに、安全を第一に考えなければならないのが、年寄りのつらいところです。

着るものについて、批判がましいことは言いません。みんな自分の好みにプライドをもっています。それをいちいち壊して歩くというのは、人間として品位のある行動とは思えないからです。

小学校のクラス会などに行くと、着物を着てくる女性もいます。お茶会でもあるまいし、もう少しラクな格好をすればいいのに。でも、そうは言わないで、

「今日はいいね」とほめます。ほめたらいいんです。

女房に対する態度も、基本は同じ。女房が人から何か言われるかもしれないな、と思うときには、ちょっと注意しますが、そうでなければ黙っています、たとえ娘が「えっ、ママ、その格好で行くの?」と叫んでいても。

リタイア後に、自分の好きなことに精を出している人は輝いて見えます。そういう人が自分の好きな色、好きなかたちの洋服を着ればさまになります。

ところが、日がな一日、何もすることがなくて、奥さんが出かけると、一緒についていくような生活を続けていると、自分というものがだんだん失われていきます。すると、洋服が似合わなくなって、ふつうの外出着でも、一張羅か晴着を着ているように見えるからふしぎです。本人の存在自体がくすんでいるから、洋服に負けてしまうのかもしれません。

洋服が似合うかどうかはつまるところ、着る者の精神の問題なのでしょう。

メイコ

おしゃれは気合い

70代後半から80代にかけて、あっという間にバアサンっぽくなってしまいました。老いを受けいれ、受けとめることが大切だと思っています。でも、老いを認めたからといって、おしゃれをやめることはサラサラありません。「私なんか、どうせ年だし」と、おしゃれをやめてしまうのは、自分で自分を捨てるようなもの。それは、自分自身に対しても失礼なことです。

おしゃれは女性にとってパワーの源泉です。おしゃれをしたいと思えば、元気がわいてきますし、おしゃれをしたいという気持ちがあること自体、生きるパワーがたっぷり残っていることの証《あか》しでもあります。

外国では、90歳近いおばあさんが大きなバラの花の飾りがついた帽子などをかぶって、杖をつきながら歩いていたりします。私もそんなふうに、死ぬまでおしゃれを楽しみたいし、できることなら、最期の日までお化粧をしていたいと思います。

私の理想は、フランスの画家、マリー・ローランサンです。彼女はシーツも枕カバーもすべてサテンの淡いピンクで統一したベッドで、グレイのサテンのおねまきを着て、ピンクのバラの花を手にしたまま亡くなっていました。最期の瞬間まで、大好きなピンクとグレイというおしゃれを貫いて逝ったのですから、あっぱれ、お見事です。

ところで、年をとると、つらいことや煩わしいこと、情けないことが増えていくばかりです。でも、ことおしゃれに関しては「新しい段階」へ足を踏み入れることができます。白髪《はくはつ》という新段階です。

私も70代の半ばに、それまで金髪に染めていたのをやめて白髪にしました。毛染めから解放されると、こんなにもラクになるとはびっくりです。

しかも、ピンクやブルーやグリーンなど、若いころにはまず着なかったきれいな明るい色が白髪には似合います。後期高齢者になってから、変身ができたのですから、うれしい誤算です。毎朝、鏡を見るたびに、神さまに手を合わせます。白髪にしてくださってありがとうございます、と。

ここで、経験者からひとことアドバイス。染めるのをやめたら、とにかくショートヘアにすることです。白髪のロングやセミロングでは「アミダばばあ」になってしまいます。

染めるのをやめたばかりのころは、染めた部分と新しく生えた白い部分とがくっきりわかれて気になるものですが、「私はまだら模様のネコ」とでも自分に言い聞かせながら辛抱していると、ショートヘアの場合、あっという間に全体が白髪になります。そのあとは、白髪に似合う新しいファッションに挑戦しましょう。

先日、地方へ仕事に行ったら、90歳ぐらいのおばあちゃまが、髪を真っ黒に染めていらっしゃいました。ご自分で染められるそうで、「大変でしょ、えらいですね」と言うと、「染めないと、真っ白だからね」「でも、白髪にしたらラクですよ。私も真っ白」と言って帽子をとったら、「わしも、髪だけでも白くすっかな。腹は黒いから」。達者なものです。

年をとったら、不潔にならないように注意したいものです。それでなくてもシミが増えて、肌もくすんできます。シミがついていたり、生地がくたびれていたりする洋服を着ていると、顔のシミやくすみとの「相乗効果」によって、服も顔も、その古びた感をいっそう増幅させてしまうでしょう。

最近では、Tシャツなども安く手に入ることですし、1年に1度は買いかえて、新しいものを着たほうがいいかもしれませんね。

ところで、空前のスニーカーブームです。このブームは3年以上もすでに続いています。気がつけば、流行に敏感な若者だけではなく、ジイサン、バアサンまでがスニーカー一色です。たしかにスニーカーの歩きやすさは群を抜いていますし、高齢者には理想的な履物でしょう。

でも、Tシャツにスニーカーといったラフでラクな格好ばかりではなくて、たまには年寄りもスーツで決めたり、ドレッシーなワンピースでおしゃれをしたりして出かけたいものです。背筋がピッと伸びるような緊張感とともに、晴れやかな気分も味わえます。

このとき、若者ならスニーカーもカッコいいかもしれませんが（私は個人的には、そういった組み合わせは好きではないけれど）、老人は洋服に合わせて、男の人なら革靴を、女の人ならパンプスを履くぐらいの心意気がほしいですね。

女性の場合、70歳をすぎると、さすがにピンヒールでは歩けないでしょう。でも、安定感のあるウエッジヒールのパンプスなら履ける方もかなりいらっしゃるはずです。もしそれが可能なら、ちょっとがんばって、たまにはパンプスを履いてみてはどうでしょう。

一発気合いを入れて臨むのが、おしゃれをするということです。きれいに見せるためには、多少のやせがまんをしてもがんばるという心意気があってこそのおしゃれ。年をとってもこの気持ちは失いたくありません。

とまあ、威勢のいい言葉を並べてみても、気合いや心意気だけでは、脚の衰えをカバーするべくもなく、近ごろはペタンコのパンプスに甘んじています。みなさまも、くれぐれも見栄を張りすぎてケガをなさるようなことのないよう、お気をつけくださ い。

ところで、私のよく履くペタンコのシルバーのパンプスは、つま先のきらきら光るエナメルがアクセント。スニーカーよりもかわいくて、フェミニンです。

夫婦でもお酒の楽しみ方は違う

神津

バーボンが口のなかで爆発!?

たしか1980年代だったと思います、テレビ局の取材でアメリカ西部を車でまわったことがあります。ある町でパブに入ってバーボンの水割りを注文したところ、待てど暮らせど出てきません。日本人だからバカにされたのかな、などと思っていたら、ようやく太っちょの黒人のおやじが奥から現れて、こう言いました。

「西部劇で水割りを飲んでいるやつを見たことがあるかい？　西部では石油が出るかわりに水が悪い。水割りを飲むのは死にたいやつだけだ。あんたを殺したくなかったから、もってこなかったんだ。水割りのかわりにミルク割りを飲んだらいい、コーラでもいいし」

長々と嫌味を言うのです。じゃあ、牛乳で割ってくれ、と頼むと今度は、「それより、熱い牛乳をもってきてやる。バーボンを口に含んでおいて、熱々の牛乳を飲むと、めちゃくちゃうまい。でも、気をつけろ、口のなかで爆発するから」。

なるほど、牛乳を口に入れたとたんに、その熱でバーボンのアルコールがボワーッという衝撃とともに口中に広がるのです。アルコールそのものをはっきりと感じられる、一種独特のうまさがありました。

あのときの太っちょの黒人のおやじのおかげで、ストレートのうまさを知って、それ以来、ウイスキーでもバーボンでも、もっぱらストレートで飲むようになりました。

酒の飲み方については、ぼくには流儀があります。「今日は2杯」などと量を決めてから飲み始め、2杯飲み終わったところで帰るのです。相手がいるときは、自分の区切りを押し付けるわけにはいきませんので、「今日は2杯で帰るよ」と最初に宣言しておくと、楽しく飲めます。

こういう調子ですから、飲みすぎて酩酊《めいてい》状態になることもなかったのですが、50歳をすぎたころから、少し飲むとすぐに顔が真っ赤になって、やたらに酔っぱらうようになりました。

アルコールは肝臓で水と二酸化炭素に変えられます。そのときに働くのがアルコール分解酵素で、ぼくの場合、そのアルコール分解酵素が分泌されにくくなったのだと思います。以来、30年以上、ぼくは1滴も、とは言わないまでもほとんど酒を飲んではいません。そのぶん、女房が今日にいたるまで、ほぼ途切れることなく飲み続けています。今夜もまた、素面《しらふ》のぼくは女房のまえに座り、彼女が飲みすぎないように監視することになるでしょう。

メイコ

末期の水はスカッチで

ＮＨＫのインタビュー番組に出演したときのこと、ディレクターがあわてて、「メイコさん、そこはカット、カットです」と言います。「私、お酒は15歳のころから飲んでいました」という発言は、みなさまのＮＨＫとしてはやはりまずかったのでしょう。

15歳から飲んでいたのですから、かれこれ70年の付き合いになります。お酒は長く一緒にやってきた連れ合いといった感じです。もう片方の連れ合いである神津サンと一緒になったのが23歳からですから、その彼よりも7〜8年も長く付き合っていることになります。

朝起きるとかならず「チビ缶」、つまり、１３５ミリリットル入りのビールをグイと飲みほします。すると、元気が出て、全身のエンジンがかかります。私にとって「チビ缶をグイ」は朝の欠かせない習慣になっているのです。

夜もお酒を飲むことで、初めて「今日も無事に1日が終わった」とほっとできます。日本酒、ワイン、焼酎などその日の気分やお料理に合わせて飲みますが、いちばん好きなのは、スカッチウイスキーです。スコッチじゃなくて、スカッチ。氷をたっぷり入れて、水は少しだけというのが、昔からの私の飲み方です。

私がグラスのウイスキーをマドラーでくるくるやりだすと、2匹の猫たちがそばにやってきます。「もうこれで出かけないな」と思うのでしょう、安心したように私の横に寝そべります。

いまでは日本酒ならほんの1～2合でいい気持ちになります。弱くなったものです。若いころは、明け方まで延々と飲み続けてベロンベロンに酔っぱらったことも数知れず、翌朝、起きたら、どこでぶつけたのか脚に大きな青あざがあったり、千鳥足で歩いていて転んだのか、足首をねんざしていたり……。

あるとき、さんざん酔っぱらって、ひとりで夜道を歩いていると、なぜか片方の足を地面につけようとすると、ガクン、ガクンと落ちる感じがするのです。家に着いてようやく気がつきました。10センチもあるハイヒールの片方しか履いていなかったのです。

若いころの行状にくらべれば、85歳の私は外で深酒をすることもなく、もっぱら、家で適量のお酒をたしなむ程度の、実にお行儀のよい飲み方になりました。とはいえ、ときには飲みすぎることもあり、神津サンに言われてしまいます。

「バアサン、そろそろやめて寝なさい。牢名主みたいに椅子に座って、いつまでも飲んでいると、また腰が抜けるぞ」

腰を抜かして、椅子からずり落ちたことがあったものだから、神津サンも心配なのでしょう。そろそろお酒をやめればいいと思っているのかもしれません。

お酒というと、10年以上もまえになるでしょうか、絵描きの息子一家が住むスペインへ遊びにいったとき、朝早くひとりで家のまわりを散歩したことがありました。美しい街並みを楽しみながら歩いていると、早朝にもかかわらず小さなバーに明かりが灯っていました。夜中から朝まで開けているバーもスペインではめずらしくないと聞きます。

二日酔いには迎え酒がいちばん、というわけで入ってみました。小さなカウンターで、何にしようかと、ずらりと並んだ酒瓶を見ていると、バーテンダーのおじさんが「ティオ・ペペ？」と聞いてきたのです。

どうしてわかったのかしら。私はシェリーのなかではティオ・ペペが甘くないから、いちばん好きなのです。それをおじさんが知っているということは、私ってスペインでもけっこう有名なのかも。

なんとなく楽しくなった私は異国の街の小さなバーで、ひとり朝からティオ・ペペを味わいました。遠くで教会の鐘の音が響いていました。

あとから知ったのですが、ティオ・ペペは、日本で言えばサントリーのようなメーカーがつくっている、とってもポピュラーな安酒だそうです。朝っぱらから、ぶらりと入ってきた変な女の客に、バーテンダーのおじさんはいちばん無難なところを言ってみただけなのでしょう。

お酒には15歳からいままでの思い出がぎっしりと詰まっているのです。ここまで長く連れ添ってきたお酒と、いまさら別れるつもりはさらさらありません。末期の水はスカッチの水割りで。

神津

腰を抜かした酔っ払いの運搬法

女房は80歳の声を聞くころから、ワインを飲みすぎると、腰を抜かすようになりました。腰を抜かすと、立ちあがれません。しかも、酔っぱらって腰を抜かした人間を担ぐことぐらい、むずかしいことはありません。

廊下で腰を抜かしている女房を部屋へつれていくには、毛布をもってきて、女房をそのうえへゴロンと転がして乗せ、そして、毛布のはじを引っぱって運ぶのです。敷居を通過するときに、頭がガタンとあたると、痛がるので注意しなければばなりません。

　このように平面を移動させるだけならいいのですが、ベッドへもちあげるとなると、とうていできません。もうひとり必要になり、近くに住んでいるカンナかはづきに電話して、「ちょっと運送の手伝いをしてよ」と頼むわけです。

　ぼくは女房が酒を飲むのを制限したことはありませんし、女房もぼくが制限しなくてはならないほど飲んではいなかったと思います。結婚して親の束縛から自由になった解放感もあったでしょうし、自分で働いた金を遣って飲むことがうれしかったのかもしれません。

　銀座の行きつけの店で飲んでいると、川端康成さんや池波正太郎さん、阿川弘之さん、安岡章太郎さん、野坂昭如さんといった作家たちとも会えました。それも楽しかったはずです。

　毎日飲み続けてきたわりには、酒のせいで体を壊したりしなかったのも、若いころ、安酒ではなくて、わりあいいい酒を、それも2〜3杯飲む程度だったことが幸いしたのかもしれません。

ところが、いつのころからか少しずつ酒量が増えていって、ときどきベロンベロンになって帰ってくるようにもなりました。でも、ベロンベロンになったからと、それは叱る材料にはなりません。大の大人が自分の責任において飲んで、酔っぱらっただけのことですから。

ただし、長い夫婦生活のなかで、飲みすぎた女房を3回だけ叱ったことがあります。3回とも、翌日の仕事に行かれなかったときでした。あしたは朝が早いのだから、今日は控えめに飲もうというふうに、自分で考えなければいけないのに、それができなかったので、叱ったわけです。

ほとんどの男はぼくも含めて、奥さんのことがちょっと怖い。だから、叱るときにも少し遠慮があって、「きみは頭がいいんだし、楽しい酒だし……」とかなんとかお世辞を入れてしまいがちです。

それをすると、奥さんは「この程度の怒り方ならたいしたこと、ないや」とナメてかかり、増長しかねません。しかも、どうやら女性のほうが相手の心理や弱点や怯えを読むことには、長《た》けているようなのです。

奥さんに、「この人、ちょっと怖がっているな」などと見抜かれないように、遠慮もお世辞も抜きで、言うときは言う。この心構えをもって奥さんと相対したほうがいいと思います。

85歳になったいまでも、女房は毎日、酒を飲み続けていますし、ときには飲みすぎて腰も抜かします。でも、それでいいと思っています。いまさら健康のためにと、酒をがまんするよりも、残りの人生を思いどおり好きに生きて、死んでいったほうが幸せです。

記念日で生活にメリハリを

メイコ

「今年が最後かも」の結婚記念日

「今日は何の記念日だ？　猫がリボンの首輪をさせられて、迷惑そうな顔でおれの部屋に入ってきたぞ」

私は「記念日女」です。家族の誕生日に始まって、お正月やクリスマスはもちろん、節分、ひな祭り、端午の節句……と、片っぱしから記念日にして、家族を巻き込み祝ってきました。

何もなければ、変わり映えしない日々がダラダラ続くだけで、それではあまりにも味気ないから、人は節目、節目に記念日をもうけて、暮らしにメリハリをつけるようにしてきたのでしょう。

2匹の猫たちも記念日には、ふだんの古びた首輪をはずされて、キラキラのリボンなどをつけられ、ときには洋服を着せられることもあります。

クリスマスにはツリーを飾り、スリッパにも樅《もみ》ノ木の葉っぱをつけて気分を盛りあげました。クリスマスイブを家で祝ったこともあります。七面鳥などを焼いて、私はロングドレスで登場。子どもたちはとたんにしらけた顔になり、善之介などは、「勘弁してよ、これだから女優をお母さんにもつと困る。まさか、おやじまでタキシードじゃないよな」。

ふつうのセーターで現れた神津サンが弁護してくれました。

「お母さんのことは許してやれ。昔はクリスマスイブにはああいう格好でパーティに出かけていたのに、家で地味に食べるんだから、ドレスぐらい着させてやれよ」

神津サンってホントに人間ができています。

ところが、老夫婦ふたりきりになってからは体力的な衰えもあって、記念日の回数がめっきり減りました。年をとると、楽しいことがなくなります。脚がダメになる、腰がダメになる……。楽しいことがなくなるから、せめてクリスマスと結婚記念日だけはふたりで少しおしゃれをして食事に出かけるようにしています。

その場合、神津サンはスーツ姿ですし、私はグレイヘアに合わせてスモーキーなピンクのドレスとか、ときには真っ赤なブラウスなども着ます。いくつになってもよそ行きの格好をして、お出かけするときはちょっとウキウキします。

楽しいことがなくなる老年期、年に1回でもいいから記念日にかこつけて、明るい色の洋服を着て、きれいな色の口紅をぬって、そして、ダンナさんにもちょっとおしゃれをしてもらって、外食を楽しんではどうでしょう。

もし、年に1回だけ祝うとしたら、おすすめは断然、結婚記念日です。

結婚記念日は、夫婦がそろっていて初めて祝えるもの。どちらかが逝ってしまえば、その時点で結婚記念日はもはや祝えません。そして、老夫婦の場合、「その日」が迫っている可能性が若い夫婦よりも高いことは言うまでもありません。

今年が最後かもしれない、と多少とも気合いを入れて、多少とも緊張感をもって結婚記念日の食卓に向かえば、古びたダンナさんの顔も少し輝いて見えるというものです。

結婚記念日などというものとはおよそ縁のない、ある寿司屋の夫婦の話が私は大好きです――。

「今日は店を閉めて、どっかへ食いにいかないかい？　なんでも、結婚記念日とか言って、お祝いするらしいよ」。おかみさんが恐る恐る言ってみました。てっきり、何をほざいているんだ！　と一喝されると思っていたら、おやじさんはパッパパッと暖簾《のれん》を下ろして店じまいをすると、「さあ、行こうじゃないか、寿司以外ならなんでもいいぞ」。

カッコいいですね。モダンなイメージの記念日を昔気質の日本の男がやると、こうなるのですね。森繁久彌さんが演じたら、さぞかしうまかったことでしょう。

神津

記念日もそろそろ「店じまい」

ぼくの誕生日は1月2日です。お正月の2日には、仕事関係などの客たちが何十人と年賀のあいさつにやってくるものだから、彼らにふるまうために、ぼくは朝から巨大なズンドウ鍋に大量のシチューをつくったものでした。

アメリカを車で旅行したときに知ったネイティブ・アメリカンの人たちの料理で、鶏肉も牛肉も大きな塊のまま入れて、ジャガイモやニンジン、タマネギ、ブロッコリーなどの野菜をたっぷり加え、「珍味」を足して、ひたすらグツグツ煮込むのです。ほかにもカレーやリンゴの煮込みなどもつくりました。

誕生日だというのに、ほかの連中のためにせっせと料理をつくらなければならない。そんなバカな話はありません。とはいえ、客たちにはすこぶる評判がよくて、みんな毎年、ぼくの料理を目当てにやってきます。少しでもうまいものをつくって喜ばせようと、張りきったものです。

けれど、6年ほどまえにいまのマンションに引っ越してからは、年賀の客も来ませんし、90歳近くにもなれば、誕生日にもなるたけ来てほしくないわけです。

女房の場合、5月13日の誕生日には毎年のように、ホテルの会場をとって、森繁さんをはじめ、おおぜいの芸能人や友人をお招きしていた時期もあります。

それがいつのころからか家族だけの集まりになり、今年などはふたりの娘と老夫婦の4人だけでした。場所もうちの近所の寿司屋です。

ぼくたちの人生も「店じまい」のときを迎えようとしています。誕生日会もロウソクの炎のようにだんだん小さくなって、静かに消えていくのがちょうどいいのだと思います。

第２章

愛する家族と忘れられない友人のこと

老夫婦から子どもたちへのメッセージ

メイコ

長男はスペインにいればいい

「よくあなたに私たちが育てられたね」

3人の子どもたちが声をそろえて言うのです。私もそう思います。スットコドッコイの私が仕事を続けながら、3人も育てたのです。自分でも驚いています。子どもが好きだからできたのでしょう。子どもはおもしろい。「雲と煙って親戚かなあ」なんて言葉も、子どもがいなければ聞けなかったはずです。

その子どもたちもいい年になりました。長女のカンナが還暦で、次女のはづきは58歳、末っ子の善之介も47歳のおっさんです。

娘たちはふたりとも親元からなるべく離れたくて、遠くに住んでいましたが、親の死期も遠くないと思ったのでしょう、私が80歳の声を聞くころには、うちの近くへ引っ越してきました。夜中だろうが、明け方だろうが、何かあったときにすぐに駆けつけられるようにということでしょう、いまではカンナは歩ける距離に、はづきは車で5分とかからない場所に住んでいます。

私は子どもの世話になる気はありません。自分のことができなくなったらさっさと老人ホームに入るつもりでいますし、入る老人ホームもほぼ決めています。子どもには子どもの人生を歩んでほしいから、私の介護などさせられません。

それでもすぐ近くに娘が、それもふたりも住んでくれていることは、これ以上、心強いことはありません。やはり、ありがたいですね。

頼りになる娘たちではありますが、私、怖いんです、その娘たちが……。みなさん、そうみたいで、講演会などで私が「娘が怖い」と言うと、会場の多くの女性たちがうなずかれます、それも何回も。

とくに怖いのが、長女のカンナです。理路整然と攻めてきて、反論の余地を与えません。私は「おっしゃるとおり、ご説ごもっとも。で、母はどうしたらいいのですか?」。カンナも最後には吹き出すというのが、いつものパターンです。あるとき、「お母さんが他人に指摘されるまえに、私が言っといてあげなくちゃ、と思うの。それが愛というものよ」と言うのです。「やさしい愛にしてくれない?」と頼まないではいられませんでした。

怖いけれど、カンナがそばにいてくれると、助かります。一緒に海外へ行っても、カンナさえそばにいてくれれば、大船に乗ったような気分でいられます。

はづきは私のファッションの「先生」です。あるとき、「えっ、そんな格好で出かけるの?」とあきれはて、そして、追い打ちをかけるように「安ものを5着も買うなら、同じお金で高いものを1着買ったらどう?」と言うのです。

私のファッションは年季が入っています。老いても子には従わない……。それでも、はづきの服装を見て、おっ、そうきたか、などと、新しいファッションのお勉強をしてもいるのです。

私にはもうひとり子どもがいます。末っ子の善之介です。絵描きをしていて、30年近くもスペインに住んでいますが、神津サンは善之介にそろそろ日本へ戻ってきてほしいようなのです。

神津サンは古いタイプの典型的な日本人で、彼の話のなかには、「神津家」とか「長男」といった単語がときどき混じります。

神津サンには、古い家父長的なものが抜けがたく残っていて、だから、長男たるもの神津家を継ぐべく、そろそろ日本に帰ってこなければいけないと考えているのでしょう。

でも、私にはそういう感覚はなくて、息子がスペインにいたければいればいいと思っています。いまの日本では辺鄙《へんぴ》な田舎にでも行かないかぎり、描きたくなるような風景に出会えません。

そして、親がイザというときにかけつける場合、日本の辺鄙な片田舎からでも、スペインからでも、大変さはそれほど変わらないと思います。

善之介の8歳になる息子、宇之介もスペインで暮らしていれば、日本語とスペイン語の両方が話せるバイリンガルにもなれるでしょう。

こう考えていくと、善之介はこれからもスペインに住んで、美しい自然や街並みにひらめきを得ながら絵を描いているほうがいいと思うのです。

ものわかりのいいお母さんぶって、カッコつけて、少しムリしていなくもないけれど、一生懸命、自分にそう言い聞かせてもいます。

神津

長男は日本へ帰るべき

自分の面倒をみさせるために子どもをつくったわけでも、育ててきたわけでもありません。だから、親の面倒をみる時間があったら、子どもたちにはそのぶん、自分の仕事に励んでほしいし、子どもが仕事をしているあいだに、ぼくがひとりで死んだとしても、それは仕方のないことです。

野生の動物を見ても、子どもがひとり立ちして親元から去ったら最後、親の面倒をみるために帰ってくることなどありえません。それが動物の親子の自然な姿、自然なあり方なのだと思います。

そして、人間も動物である以上、子どもが親の面倒をみないほうが、より自然な姿ともいえるかもしれません。

動物はともかく、面倒をみさせるために子どもをつくったのではないことを大前提にすれば、子どもが親の面倒をみるのはあたりまえだとか、それをしないやつは子どもではないというような考え方はしないですみます。

そして、そのような考えから自由になったほうが幸せでしょう。なぜなら、子どもがいろいろと助けてくれたら、それはそれでうれしいし、助けてくれなくても不満に感じなくてすみますので。

しかし、この大前提はこと女房に関しては、あてはめたくないのです。子どもをあてにするな、ひとりで死んでいけ、などとはかわいそうで、とても言えません。子どもたちには、「お母さんの面倒だけはみてやれよ」と、ことあるごとに話しているのです。

実際、娘のカンナは歩ける距離のところに住んでいますし、はづきの家からも自転車で来られます。が、問題は末っ子の善之介です。スペインに絵画の修業へ行ったまま、かれこれ30年近くなります。

年に1~2回、日本へ帰ってきて個展を開いては、売り上げた金をもってスペインへ戻るわけです。スペインは物価が安いから、ぼくたちの部屋よりはるかに広い家に、親子3人で悠々と暮らしています。

画家で食っていけているのだから、親としてはひと安心ですが、絵だけ描いていればいいというものではない、おふくろのことはどうするんだ、ということです。善之介は末っ子といえども長男ですから、神津家のこと、墓のことも考えなければなりません。

ぼく自身、善之介が東京で暮らしていれば、墓のことをはじめいろいろなことを相談しやすいし、女房が腰を抜かして立てなくなったときでも、息子なら担ぎあげられます。東京にいてくれたほうが、ぼくとしても便利でいいのです。

女房も、表向きはどう言っているかわかりませんが、本心ではそろそろ私の面倒ぐらいみてくれたらいいのに、と思っていることでしょう。

でも、だからといって、ぼくまで「そう思うよ」と賛成すれば、女房は「お父さんも、そう言っていた」と息子をガンガン責めたてるでしょう。

それでは息子を追いつめることになります。そこで、ぼくは女房にこう言っています。

「それは違うよ。日本にいたら、甘えが出る。ああやって外国で退路を断ってやることも必要だろう。もう少し時間をやったらどうだい?」

自分の気持ちとは裏腹の、建前という名のウソを、大真面目に言う。こう言っておけば、女房も息子にうるさく「帰ってこい」と言いつのることはしないでしょう。そして、息子は息子で、自分で考えるはずです。

おふくろはおれに帰ってほしいと思っているけれど、おやじは自分の道をちゃんとつくってから帰ってくるほうがいいと考えているらしい。どうしようか……。息子はあれこれ考えて、自分なりに結論を出すでしょう。

人から言われて、それに従ったのでは、どこかに無理があって、うまくいかないものです。自分で考えて、悩んだすえに出した結論なら、自信をもって行動に移すことができます。

息子がどのような結論を出すにしろ、それが自分で考えた結果なら、ぼくは尊重するつもりでいます。

親子や夫婦という親しい関係だと、本音だけで自分の考えを主張しがちです。けれど、それでは家族のなかでも物事はうまく進みません。自分の考えを主張するまえに、子どもなり、奥さんなりの立場に自分がなって考えてみる。すると、子どもの、あるいは奥さんの気持ちや思いを察することができます。

察したうえで、自分のとるべき言動を考えると、家庭内のいろいろな問題にもうまく対処できて、家庭の平和が保てるはずです。親子であっても、いい意味での他人行儀な対応も必要なのだと思います。

ところで、息子はスペインの風景を多く描いていますので、やはりスペインに留まったほうがいいのではないかという考え方もあります。

けれど、ぼくもときどき「軽井沢あたりで涼しい風に吹かれながら作曲したらどうか？」と人に言われます。ところが、軽井沢なら涼しい風がたしかに吹いているけれど、それよりも、狭くて、汚い自分の部屋のほうがいいものが書けます。

心地よい環境のなかにいれば、いい作品ができるというわけではありません。息子もゴチャゴチャした東京に住んでいたって絵は描けるし、ことによってはもっといい作品がつくれるかもしれません。

善之介の8歳になる息子、ぼくの孫の宇之介の将来のことも気になります。日本の企業に勤めるなら、日本の大学へ行ったほうがいいし、そのためには、ちゃんとした日本語ができないと話になりません。その意味でも早めに日本に戻るほうがいいと思います。近いうちに、息子と話すつもりでいます。

メイコ

猫と私で死ぬ競争

血はつながっていないけれど、私たち老夫婦には大切な同居人がいます。ハッチとシジミという2匹の猫たちです。

ハッチはまえに住んでいた家の縁の下できょうだいと一緒に生まれてきました。6匹は器量のいい順にもらわれていきましたが、ハッチだけは最後までもらい手がいなくて、うちで引きとることにしたのです。ハッチの名は「みなしごハッチ」からとりました。

あるとき、お客さんにこの話をしたら、あとから神津サンが言いました。

「ああいうことをおもしろおかしく、大きな声でしゃべるな、こいつのまえで」

「こいつ?」

「ハッチだよ。聞こえているぞ。かわいそうじゃないか。うちでやっかいになっているのに、いろんないきさつを知ったら、気がねするだろうが」

けれど、ハッチには私の話は聞こえなかったようです。野良だったハッチは気がねするどころか、いまでは家でいちばん威張っている「お殿さま」です。

シジミはハッチよりも2年ほどあとにわが家へやってきました。親しい動物病院の院長さんに「もらってくれないか」と頼まれたのです。両方の手のひらにすっぽりおさまるほどの小さな仔猫でした。シジミという名前は、とても小さかったから。白と黒のブチの美人さんです。

ある夜、廊下で足音がしたのでのぞいたら、神津サンがシジミを抱っこして、「寝ろよ、な、寝ろよ」と、それこそ猫なで声で言いながら、廊下を行ったり来たりしていました。私の視線に気づいた神津サンは、いかにもバツが悪そうでした。

ハッチやシジミが家のなかをチョロチョロしていると、それだけで胸のあたりがほんわか温かくなって、その温かさが全身にまで広がっていくようです。

ハッチは12歳。猫の寿命は15歳ぐらいですから、いまや老猫です。ハッチを膝に抱いて、「あんたもジイさんだけど、私も相当なバアさん。どっちが先に死ぬかわからないけど、私が先に逝ったら、カンナさんを頼ってたくましく生きていくのよ」と言い聞かせています。

反対に、私が残されるかもしれません。

私の85年の人生で、家に動物がいなかったことはありません。犬、猫、兎、ハムスター、カナリア、亀……。たくさんの動物を飼い、それと同じ数の死を見てきました。何回経験しても悲しいことにかわりはありません。

それでも、動物の死をいつまでも引きずってはいけない、とそのたびに自分に言い聞かせました。命あるものは、いつかその命は尽きます。ペットロスにならないためにも、最後は、あきらめること、思いきることが肝心でしょう。

孫たちに伝えておきたい大切なこと

神津

息子と孫では対し方が違う

息子の善之介がまだ子どものころ、よくふたりでキャッチボールをしたものです。わざととりにくいボールも投げます。とりやすいボールばかりでは、いざ試合になったときに、むずかしいボールが上手にとれません。

善之介は跡とり息子です。鍛えることも、父親の役割だと考えていました。

ところが、孫の宇之介にはとりやすいボールしか投げません。とりにくいボールを投げて、「おじいちゃんはいじわるだ」などと嫌われたくないからです。その甲斐あってか、「おじいちゃんと遊ぶのが、いちばんおもしろい」と言っているそうです。

孫がぼくになついているもうひとつの理由は、ぼくがウソばっかり言うからです。ウソを言ったり、脅したりして子どもをしつけるのはよくない、と主張する教育評論家の類がいますが、そんなことはありません。

幼い孫にやってはいけないことを教え込むとき、ウソを言って、脅す回数が多いほど、孫はなついてきます。たとえば、窓から身を乗りだすと、危険です。そこで、「このあいだ、おじいちゃんがここからのぞいていたら、お化けが出てきて、襲われて、まいったよ。おまえ、やめたほうがいい」とつくり話をします。

孫はその話を本気にして、窓から身を乗りださなくなります。あとからウソだとわかると、「うちのおじいちゃん、ウソばっかり言って、怖がらせるんだよ」と言い、そして、そのウソが孫と祖父とをつなぐ輪となります。孫と祖父でウソを共有したことの、ひそやかな喜びがあるからです。

息子が相手ではこうはいきません。息子と父親とはある意味、緊張関係にあります。早い話、息子はおやじが怖い。そのおやじがウソをついたとわかれば、腹が立つでしょう。だから、ぼくも息子には、ウソの脅しはしたことがありません。

話は変わりますが、はづきと杉本哲太さんとの息子で、ぼくの初孫の太吉は、高校のころからドラムを叩いています。

ドラムのシンバルは地金を糸状にしたものを、板のうえで中心からぐるぐると巻いて円形にして、それをプレス機にかけてあの形状にします。1か所叩けば、その音がぐるぐる巻きのラインにそって全体に伝わっていくわけです。

シンバルの一大産地はイスタンブールで、そこのものは、とてもいい音が出ます。ぼくはイスタンブールに行ったときにシンバルを4万~5万円ほどで買いました。それが日本に入ってくると、30万~40万円にもなります。

そのシンバルを太吉にやったときに、ぼくは条件をつけました。「ドラムを叩いて人生を終わるんでなければ、やるよ」と。

趣味でやるぶんにはいいけれど、仕事にしてほしくない。こんなことを言うと、ドラマーに怒られるかもしれませんが、シンバルを叩くだけでは、人生を狭めてしまう気がします。孫にはもう少し幅のある人生を送ってほしいのです。

それに、演奏の出来栄えは、楽器の質に大きく影響されます。極端な例がバイオリンでしょう。何億円もするストラディヴァリウスのバイオリンで弾けば、すばらしい音色が出ます。

いくら高い技術と実力をもっていても、何十万円のバイオリンでは、何億円のバイオリンをもっている人間とは勝負にならない。実力ではるかに上でも、高価な楽器の音色にはかなわないのです。

演奏のクオリティは楽器の良し悪しで、つまりは、お金のあるなしで決まってしまう面も少なからずあります。演奏者の世界は「差別社会」でもあり、この点でも、孫がドラムを仕事にするのには反対なのです。

太吉がどのような道を進むかは、もちろん、最後は本人が決めることです。太吉の妹の八重や宇之介が将来、どのような職業に就くにしろ、3人の孫たちに伝えておきたいことがあります。それについては、つぎに書くことにしましょう。

メイコ

ジジ、ババは孫の「逃げ場」ではない

善之介の息子の宇之介も早いもので、今年で8歳になります。スペイン語はペラペラですが、日本語はいまひとつです。スペインから里帰りするときには、父親の善之介がたくさんの絵本をもたせます。バアバに読ませようという魂胆です。

子どもは疲れを知らないから、もっと読んで、もっと読んで、と何冊でもねだり、そのたびに私は七色の声を駆使して朗読するのですから、声もしゃがれます。仕事よりも大変。

その昔、幼いカンナのためにもよく絵本を読んでやりました。仕事がら、つい魔女のところは魔女らしく読んでしまい、「怖いよう、怖いよう、ふちゅうに読んで」とカンナが泣きだしたこともありましたっけ。

その私がいまでは、もともと弱かった涙腺がさらに弱くなって、このまえなど宇之介に猫の悲しい話を読んでやっているうちにとても悲しくなって、声をつまらせてしまったのです。

「バアバ、泣いてるの？」とのぞき込む宇之介に背中をなでてもらいながら読んだのですから、プロも形無しです。

それにしても、孫はかわいいものです。猫かわいがりしたくもなります。子どもには厳しく、孫には甘く、などと言う人もいます。親が厳しく育てなければならないぶん、ジジ、ババは甘やかしてもいいし、それで均衡がとれるということなのでしょう。

けれど、私ははっきり言って、それには反対です。とくに子どもがまだ幼いうちは、親のしつけの仕方に祖父母は合わせるべきだと思います。子どものしつけや教育に関して、親の考え方というものがあり、それを尊重すべきです。

なのに、ジジ、ババが、孫がかわいいから、孫に好かれたいからと、それを無視して甘やかせば、親の立つ瀬がありませんし、そのような甘やかし方は決して孫のためにもならないでしょう。

私は「どういうことをしたら、きつく叱っているの？」と聞いておいて、それに合わせるようにしています。「食事の途中で遊ばせない」と親が言ったのなら、そのルールを孫が破ろうとしたときは、厳しく叱ります。

それは、はづきと杉本哲太さんの子どもの太吉や八重が小さかったころから一貫しています。私はけっこう厳しくて、少々口うるさくもあるバアバです。

ジイジもバアバも親ではないのですから、勝手に甘やかすようなことはしないという、けじめはつけておく必要があるでしょう。祖父母はかわいい孫の「逃げ場」にされてはなりません。

ところで、神津サンに「宇之介、ジイジと遊ぶのが、いちばんおもしろい、って言ってましたよ」と多少、大げさに話したら、顔をクシャクシャにして、うれしそうに「そうかあ……」ですから、たやすいものです。

神津

人まねではない「自分の方法」を見いだす

国立音大に入ったばかりのころ、ぼくがつくった曲を教授が「これはメロディがよくないね」と言いました。メロディは音楽の命。それがいいか悪いかは教授ではなく、ぼくが決める問題です。ぼく自身の書いた教則本にしたがって判断すべき問題なのです。その教授をぼくは即刻、「破門」しました。

音大では過去の偉大な作曲家たちの曲にどれだけ近づけるかを競い合っているようなところがあります。でも、そうではなくて、これまでの作曲家たちがやったことのない新しい何かを探し求めるべきです。

それには自分自身で音楽の法則を打ちたて、自分用の教則本を書けばいいのです。人まねではない、自分自身の音楽をつくるのです。孫たちよ、覚えておきなさい。自分の方法を見いだすことは音楽にかぎらず、絵でも小説でも、事務職でも主婦業でも心がけるべきことです。

もうひとつ、孫たちに伝えたいことがあります――。

ぼくのトランペットの恩師は中山冨士雄先生です。いまの日本でトップクラスのトランペット奏者をたどっていくと、かならず中山先生に行きつくといわれています。太平洋戦争ではトランペットより携帯しやすいフルートをもって戦地へ赴き、戦場でもフルートを吹いていたことが伝説となっている中山先生に、ぼくは個人レッスンを受けていたことがあります。

あるとき、学校の試験の準備で忙しくて、あまり練習をしないままレッスンに行ったことがあります。先生は「それでは今日はやめましょう」とおっしゃいます。「でも、先生、少しは吹けますけど」とあわてるぼくに、「練習をしてきたものを見てあげる時間はあるけれど、きみの練習に付き合う時間はない」ときっぱりと言い放ったのです。

ぼくは泣きながら帰りました。自分の甘えた料簡《りょうけん》が恥ずかしかったのです。先生がぼくを追いかえしたのも当然でした。ぼくは必死で練習をして、そして、つぎのレッスンでは、先生のピアノの伴奏に合わせてトランペットを最後まで吹くことができました。

先生は拍手をして、そばまで来ると、ぼくの肩を抱きながら「よくやった。こんどは一緒に吹こう」とおっしゃったのです。

先生が一緒に吹いてくださったのに、ぼくは涙があふれて吹けませんでした。このとき、ぼくは中山先生についていこうと決心したのです。

楽器にかぎらず、何かをモノにしたいと思うのなら、ありきたりのようですが、自分を甘やかすことなく努力しなければなりません。そのことを中山先生からぼくは教えられました。そして、厳しい先生のほうが生徒の力を引きだし、伸ばせるということも。

太吉、八重、宇之介、おじいちゃんが亡くなったあとも、怠け心が頭をもたげてきたら、この話を思い出すといいかもしれないね。

共通の友人・美空ひばりさんのすごさ、さみしさ

神津

何回でも聞きたくなる歌声

ぼくは何度となく美空ひばりさんをおんぶして、2階まで上がっています。

ひばりさんは夜、よくうちへ遊びにきて、2階の寝室のベッドで女房とテレビを見たり、おしゃべりをしたりしていました。晩年には大腿骨骨頭壊死《だいたいこつこつとうえし》のせいで、階段がのぼれなくなり、「神津サン、おんぶして」と言うのです。おんぶするしかありません。

階段の手すりにつかまりながら、女房に「うしろから押してくれ」なんて頼んだりして、ヨイショ、ヨイショ、と1段ずつのぼっていったものです。

あのふたりは「女学生」みたいに夜どおししゃべり続けていました。ぼくは寝るところがない。仕方なく1階のソファで寝たりしていました。

そのひばりさんがある時期、オペラをやりたがっていて、ぼくもオペラを観につれて行かれたことがあります。結局、オペラは実現しなかったけれど、ミュージカルは『水仙の詩』というのをひとつだけやっています。

『水仙の詩』の音楽はぼくが書いたのですが、そのとき、ひばりさんから言われました。

「アリアを1曲書いてほしいの。オペラでは舞台の最後に歌手がひとりで歌いあげて、オーケストラの楽器もどんどん加わって大きくもりあがっていく……。あいうアリアをつくって」

それで、『わたしは、小鳥』という曲を書いたら、ひばりさんもとても喜んでくれました。この曲はソプラノ歌手の高橋薫子さんも『わたしの好きな歌』というCDのなかで歌っていて、こちらは純粋にオペラの歌い方になっています。

ひばりさんもオーケストラをバックに、しっとりと情感豊かに歌いあげていて、見事としか言いようがありません。それはオペラではなくて、完全に「美空ひばりの歌」になっていました。

よくあの歌手は歌がうまいだとか、下手だとか言います。歌のうまい、下手は聞き手の感じ方しだいです。その歌手の歌を何度も聞きたくなるとすれば、その人にとってその歌手はうまい歌手なのです。

節まわしがすぐれているとか、気持ちの表現の仕方が巧みだとか、そういう理屈はあとからくっつけた言葉にすぎません。

ぼくにも何度でも聞きたくなる歌手がいます。クラシックの歌手にもいますが、歌謡曲では八代亜紀さんもそのひとりです。ああいう歌を歌うバーのママがいたら、話をしてみたいな、と思いますもんね。

そして、もちろん、ひばりさんです。たくさんのヒット曲があるけれど、あれもこれも聞きたくなる、くりかえし聞きたくなります。ぼくだけでなく、日本人の多くがそれは同じでしょう。その点でも、ひばりさんは歌がうまいのです。

ところで、歌には品のよさ、悪さみたいなものもあります。その種のおもしろさはたとえば、都はるみさんの歌にも感じられます。人間の心の裏側のダークな面がさらけだされていくような、なんともいえない節回しであり、うなりです。あのような歌い方は音楽大学の教師には教えてもらえません。

歌には歌う者の人間性が表れるものです。『アンコ椿は恋の花』のうなりには、都はるみさんの生まれ育った環境やその人生がかたちを変えて表現されているのです。

でも、はるみさんひとりではうなれません。市川昭介さんというすぐれた作曲家がはるみさんの人生を、はるみさんという女性を深く理解したうえで、『アンコ椿は恋の花』をつくり、提供しました。そのような曲を得たことで、はるみさんは初めてうなることができたのです。

ひばりさんにおいても、同様のことが言えます。ひばりさんという人間を理解している作曲家がまわりにたくさんいました。たとえば、古賀政男さんです。天真爛漫《てんしんらんまん》で、快活で、豪胆でありながら、ひばりさんの抱えている悲しみや哀情を感じとっていたからこそ、『娘船頭さん』や『柔』、そして『悲しい酒』といった名曲を生みだすことができたのでしょう。

ひばりさんはそれらの曲に自分だけの解釈を加えて歌います。その解釈は彼女の歩んできた人生やその経験から生まれていることは言うまでもありません。歌には歌う者の人間性が表れるとは、実にそういうことなのです。

自分のつくった歌をひばりさんに歌ってもらって、後悔する作曲家は多分いないでしょう。それどころか、ひばりさんが歌うのを聞いて、「ああ、そういう考え方もあるのか」と初めて気づかされます。

作曲家はそのとき、ひばりさんによって、自分のつくった曲に新しい命が吹き込まれるのを感じます。ひばりさんの歌のうまさは、音楽的なうまさだけでなく、歌を歌うまさ、人間が歌を歌うということのうまさを体現しているのだと思います。

メイコ　不幸だったひばりさん

2階の私のベッドに座って、最晩年のひばりさんとよくテレビを見たり、遊んだりしたものです。そのなかの、なつかしいひとこまを再現してみると……。

「ねえ、メイコ、七並べかババ抜きしない？　神経衰弱でもいいよ」

「やだあ、ふたりでやったってつまんない」

「じゃあ、代わり番こに歌を歌おうよ」

「やだ。美空ひばりと代わり番こになんか歌えない」

「それじゃあ、2小節ずつ歌っては交代して歌おう」

というわけで、「♪歌も楽しいや　東京キッド」と私が始めると、ひばりさんが「♪いきでおしゃれでほがらかで」と受けて、「♪右のポッケにゃ夢がある」

と私……。ひばりさんの持ち歌から当時の流行歌、ジャズ、都々逸《どどいつ》、端唄《はうた》までありとあらゆる歌を歌いました。

英語の歌もありました。「♪Gonna take a Sentimental Journey」などと、ひばりさんが完璧な発音で『センチメンタルジャーニー』を歌いだすわけです。

英語の歌といえば、ひばりさんは英語が読めませんでした。読めないし、意味もわからないのに、耳がとてつもなくいいから、ニューヨーカーも舌を巻くほどの完璧な発音で歌えるのです。

その昔、彼女の録音を見にいったことがあって、たしか『テネシーワルツ』のときだったと思います、メモを片手にひばりさんは完璧な英語で歌っています。でも、なんか変……。目が上下に動いています。手にしていたのはカタカナで記した縦書きのメモだったのです。

ところで、ベッドのうえで歌っていたひばりさんは、素面でした。少しまえから お医者さんにお酒を止められていたのです。あるとき、「お酒が飲めなくなっちゃった」としょんぼりしているから、「あなたはこれまでさんざん好きなだけ飲んできたんだもの、もういいじゃないの」と慰めると、「メイコ、それは違うよ」と言うのです。

「あんたの場合は、飲みすぎると、子どもたちが、ママ、もうやめなさい、と酒瓶をとりあげたし、酔っぱらって帰ったら、いい加減にしろ、と神津サンに睨《にら》まれたよね。でも、私はね、ママが亡くなってからは、私がいちばんエラいから、止める人がひとりもいなかった。ブランデーだ、つぎはウイスキーだ、ビールだ、と言えば、際限なく出てきた。だから、毎晩、飲みすぎて、こんな体になっちゃった……」

母を失い、ふたりの弟につぎつぎに先立たれたひばりさんは、ひとりぼっちでした。さみしかったのだと思います。ほかに行くところがなかったから、痛む脚でうちまでやってきたのでしょう。狂おしいほどの才能に恵まれながら、ひばりさんは不幸だったのだと思います。

ひばりさんとは男の趣味も、洋服の趣味も、育った境遇も違っていたし、もっている財産の多寡《たか》にいたっては桁外《けたはず》れの違いでした。が、たったひとつ共通点がありました。子役出身だったことです。「ふつう」の子ども時代が私たちにはなかった。幼いころから、いつも「小さな大人」でした。

どこへ行っても不特定多数の人たちに見られ、舞台に立てば立ったで、10歳やそこらの子どもが、やる以上は、なんとしてもみなさんを楽しませて、拍手をいただかなければならない。そう思いながら歌ったり、寸劇をしたりするのです。

子役時代の不安、恐れ、やりきれなさ、あるいは喜びといったものは、経験した者にしかわかりません。ふつうに学校生活をおくり、ふつうに子ども時代をすごしてきた神津サンや3人の子どもたちにはわかってもらえません。夫にも、子どもたちにもわかってもらえないものを、私はひばりさんとだけ共有していました。

そのひばりさんが亡くなったのは、52歳のとき。私はお葬式の日に青葉台のひばり邸のまえで泣きながら立っていました。道がやけに混んでいました。どの車も速度を落として、「あ、美空ひばりの家だ」などと言いながら通っていたためでした。

そして、道の角にふと目をやると、紫色のタオルでハチマキをしたダンプの運転手さんが左手はハンドルに載せたまま、右手だけで合掌するように手を顔のまえに掲げて、深々と頭を下げていたのです。

ああ、ひばりさんはやっぱりすごい人なんだ……。女性歌手には縁のなさそうな屈強なダンプの運転手さんまでが、青葉台のひばり邸まで運転してきて、ひばりさんの死を悼み、拝んでいる姿を目にして改めてそう思いました。

さまざまな職業の大勢のファンたちに熱烈に愛されていたひばりさんの肩には、想像を絶するような大変な重圧がかかっていたことでしょう。

ひばりさんのことを思うと、30年たったいまも泣けてくるのです。

いまだから言っておきたい、あなたへの本音

メイコ

音楽の才能にいまも惚れています

神津善行とかけて、紅茶好きと解く。その心は、セイロン（ティー）が好き。

私のダンナさまは正論の人です。理論的に考えて、整合性があり、正しいと思えて初めて実行に移します。曲がったことは大嫌いだし、世間からうしろ指をさされるぐらいなら死を選びかねません。

義理堅くて、筋をとおすのも大好きです。

田中角栄さんは徳川夢声さん、市村清さんとともに「中村メイコの処女を守る会」のメンバーでしたが、私が結婚してからは「中村メイコの処女を守れなかっ

た会」に変わりました。

毎年お正月には夫婦で目白の田中邸へお年始のごあいさつにうかがい、子どもが生まれてからは、子どもも一緒でした。そして、1976年7月、ロッキード事件で、角栄さんが逮捕されました。

総理大臣まで務めた人物が逮捕されるというショッキングな事件は連日、テレビでも新聞でも大々的に報道され、角栄さんは諸悪の根源のような扱われ方をされていたのです。

しかし、逮捕されて、世間から批判にさらされたからといって、くるりと背を向けるようなことは、神津サンの流儀に反します。年が明けた77年のお正月には子どもはつれずに、夫婦でそれまでどおり新年のごあいさつにうかがいました。

大勢の記者やカメラマンなどにもみくちゃにされ、「なんで悪いやつのところに来るんだ」などと罵声を浴びながら、田中邸の門をくぐりました。お嬢さんの田中眞紀子さんから「もう来なくていい」と言われるまで、新年の田中邸訪問は続きました。

　神津サンのそういう義理堅く、礼儀正しいところが好きです。のろけついでに言うと、神津サンの生真面目で、意志強固なところは感服に値します。

　ヘビースモーカーだったのに、タバコの害がさかんに言われだすまえに、たった1回で禁煙に成功しました。お酒もいったんやめたら最後、30年以上もたつのに、ほぼ1滴も飲んでいません。母親が糖尿病だったので、ごはんは1日にお茶碗1膳だけと決めて、20代のころからいままでずっとそれを続けてきて、そのおかげかもしれません、87歳のいまも糖尿病の気は一切ありません。

　スクワットをもう何十年も続けています。演奏会の舞台で2時間立ちっぱなしでいられるのも、ゴルフを1ラウンドまわれるのも、スクワットを毎日欠かさずやってきた賜物でしょう。

　私たち夫婦は正反対です。あちらは理論先行の理屈屋さん。こちらは感覚的、直観的で、85年間、勘だけで生きてきたようなところがあります。あちらのように人生設計を描くこともなく、計画性ゼロの、出たとこ勝負で日々を凌《しの》いできました。

これだけ違えば、おたがいにふしぎな生きものを見るようなおもしろさがあったことも、60年以上、結婚生活を続けられた要因かもしれません。

「神津サンのどこがよくて結婚したの？」といろいろな人から聞かれてきました。2歳半から芸能界で働いていた私にとって、ふつうの学生生活を送っている男の子がとても新鮮に感じられたことが大きかったと思います。

神津サンと一緒におでん屋さんに入って、卵やダイコンやチクワをつついたり、白いカバーのかかっていないふつう席で映画を観たり、切符というものを買って山手線に乗ったり……。

生まれて初めての経験をし、私はそのたびに夢中になり、そして、そのような経験をさせてくれる神津サンにも夢中になっていったみたいです。けれど、そういったもの以上に決定的だったことがあります。

それは、美しい曲をつくる神津サンの才能でした。その才能に出会ったころも、結婚してからもずっとあこがれてきたのです。そして、87歳になったいまも、十二音階しかもたない西洋音楽を超える新しい音楽づくりのために4畳半ほどの自室に閉じこもって、作曲をしている神津サン。

腹の立つこともあります。憎たらしくて、鼻について、うんざりして、「いなければいいのに」と思うことも正直、あります。それでも、お墓に入っていても全然おかしくない年齢になっても、頭のなかで音楽のことを考え続けている神津サンにいまも惚れています。……ちょっとほめすぎちゃったかしら。

神津

女優はいじわるでなければ大成できない

どんな話をしていても、女房はかならず「私の場合はね」と言いだします。すべて自分にあてはめようとするのです。それは2歳半から女優として働いてきたことと大いなる関係があると思います。

女房の父は小説家の中村正常です。ぼくはいまも昔もおやじさんと呼んでいます。おやじさんは、女房がマンガのフクちゃん役でデビューしたしばらくあとに筆を折りました。一家の稼ぎ手は、小学生だった女房ひとりだったのです。

だから、みんなが大切にして、ご機嫌もとったでしょう。女房は、いってみれば、大切な茶碗であり、まわりの者たちは茶碗が転がっても壊れないようにと、いつも彼女のそばに座布団やらクッションを添えたわけです。

座布団を添えられているうちに、添えられた座布団に囲まれて、その中心にいることがあたりまえになったのでしょう、自分が中心でなければ気がすまなくなったようです。

だから、ぼくが豊臣秀吉についてしゃべっても、円高やTPPについて説明しても、最後は「私の場合はね……」となります。自分にあてはめ、自分を話の中心にもっていかなければ気持ちがおさまらないのです。

また、女優はわざとらしいものです。わざとらしいほど出世します。黒柳徹子さんも、このあいだ亡くなった樹木希林さんもやはりそうで、わざとらしさを心に宿して歩いているような人が俳優としてやっていけるのです。

女房にもわざとらしいところがあります。カーテンを開けたとき、「爽やかな朝ね」ならふつうですが、女房は両腕を広げて胸いっぱいに息を吸い込んでおいて、「な〜んて爽やかな朝なのかしら」とやります。

わざとらしさの最高峰が森繁久彌さんでしょう。一緒に歩いていても、いついかなる場合もわざとらしい。雨が降ってくれば、「春雨じゃ、ぬれていこう」と言い、それがまるで芝居の一場面のようでした。

ところで、中村メイコという女優は、ある意味、おやじさんがつくりあげた「作品」といえるでしょう。

女房は若いころから多くの作家と対談をしています。対談相手についておやじさんがまえもっていろいろ教えていました。「菊池寛ならこういう話は聞けるだろうけれど、これこれの話は得意じゃないかもしれない」といったことを、出かける間際まで話していたものです。

対談では、相手に好感をもたれることが大切で、嫌われてしまったら、本音を言ってはもらえない――。おやじさんからそう教えられてきたから、女房は一歩、いや二歩下がって、自分をバカに見せようとします。これがおやじさんのつくりあげてきたことのひとつです。

すると、相手は気がラクになって、ちょっと隙を見せる。その隙に入り込んで話をもりあげていくものだから、おもしろい対談になります。女房はこのような一種の自己卑下を自分では気づかないまま、自然にやれる人です。

結婚してからは、ぼくがおやじさんの代わりに、対談相手についての情報を伝えました。おやじさんは菊池寛などと実際に付き合いがあったけれど、ぼくは作家たちについて本や雑誌で調べるしかないわけですが。

女房をちょっと扱いにくいと感じる人は多いと思います。ぼくがそうですから。

おやじさんが教え込んでいたから、ぼくに対しても、対談のときと同じようなふるまいでした。つまり、恋人に対しても本音を出そうとしなかったのです。

そんな女房には他人からは見えない弱点があります。

ぼくが入院中に女房は見舞いにちょくちょく来ました。そのたびに看護師さんたちにパンを買って「おみやげ!」と言って渡していました。自分を悪く思われたくないという気持ちが異常に強い人で、中村メイコがトップ女優になれなかったのは、この弱点も大きな要因かもしれません。

トップに立つ女優には、まわりを支配するだけの強さが必要で、そういう女優は威張ることもできます。彼女たちは決して看護師さんたちにパンをもっていって、愛想をふりまくようなことはしません。

女優として大成する人はいじわるです。「いい人」では大成しません。他人と闘って蹴落とさなければ、望む役はまわってこない。自分では闘っているつもりはなくても闘っているのです。

女房にも自分の座にだれかが座ろうとしたら、「そこは私のよ！」と主張し、その座を守ろうとするぐらいのいじわるさはあります。でも、そのとき、競争相手をいじめて、蹴落とすようなまねができないのです。

女房が「名女優」といわれることはないでしょう。が、それでも、昭和と平成の時代に活躍した、中村メイコという子役出身のおもしろい女優さんがいたよね、と人々に思い出してもらえる女優ではあると思います。

ところで、強盗が入って、子どもの首に刀を突きつけたら、ぼくはとっさに「やめてくれ、おれを殺せ」と叫びます。それが子どもではなくて、女房だったら？　やはり「やめてくれ」と叫んで、それから「おれを殺せ」までに一瞬の間があるはずで、その一瞬の間とは、迷いにほかなりません。

子どもとは血がつながっているけれど、女房は血のつながりのない他人です。他人だから、自分の命を捨てて相手を助けることに一瞬、迷うのです。

夫婦のあいだには、暗くて深いドナウの河が横たわっています。その河を絶対に渡れないのなら、話は簡単です。けれど、渡れないわけでもない。それでいて、渡ることは非常にむずかしいのです。

このように夫婦という他人同士の関係は複雑であり、複雑さを抱えながら長年、連れ添った夫婦にはそれゆえの深い味わいが生まれるのかもしれません。

一瞬の間がある関係――。夫婦はそれでいいのだと、ぼくはそう思っています。

第３章

老いと向き合う日々

運転に自信があっても、免許は返納

神津

他人さまを殺してはいけない

車の免許をとったのは20歳そこそこで、1950年代の初めのころです。そのころに普通免許を取得した者は、その後の免許法の改正で、大型2種免許に格上げされました。

ぼくも大型2種に格上げされたので、バスも運転できます。その昔、レンタルのバスをぼくが運転して、バンドの連中や楽器を乗せて移動したこともあります。仕事へも、ゴルフ場へも、コンサート会場へも、自分で運転して行きましたし、3人の子どもたちが小学生のころにはぼくが毎朝、車で学校へ送り届けました。

60年以上ものあいだ、ずっと運転してきたぼくにとって、車は自分の脚以上の働きをしました。

その自分の脚を3〜4年まえ、84歳で返納しました。係官は「大型2種はもうとれませんよ。もっていたからといって、邪魔になるものではないし」と、ぼくの免許返納を渋りました。

しかし、免許はもっているけれど、運転しないというのと、免許をもっていないから、運転できないというのとでは、まったく違う話です。免許をもっていれば、何かあったときなどに、つい運転してしまうこともあります。それで事故でも起こしたら、とりかえしがつきません。

事故を起こして逮捕され、拘留されることは、87歳のぼくにも、そして、女房や子どもたちも耐えられないでしょう。しかも、これまで積み重ねてきた80年以上の人生をみずからの手で壊すようなものです。

他人《ひと》さまの命を奪うようなことをしてはいけないし、他人さまの命を奪ってから、死んでいくようなことをしてはなりません。

87歳の通産省の元役人が現場検証に杖をついて、そろそろと歩いていました。幼い女の子とそのお母さんを死なせてしまい、どれほど後悔していることか……。

60年以上も運転してきたぼくにとって、免許を返納するには、大変な勇気が必要でした。返納すると不便なことがあります。ゴルフ場へひとりで運転して行くこともできませんし、バス停でバスを待たされているときなど、自分の時間をバスにコントロールされているようで、腹立たしいものです。

長年、車を運転してきた者は、運転に自信をもっています。事故を起こした老人のほとんどが、自信をもっていたのだと思いますし、ぼく自身も、運転にはいまでも自信があります。自信はあるけれど、頭で判断したとおりに脚が動かなかったり、一瞬、その動きが遅れたりするのです。

年寄りの場合は、自信があることと、実際の運転技術とはまったく別物です。最晩年になって、人生に汚点を残すようなことだけは避けたいと思うのなら、たとえ運転に自信があったとしても、ある年齢に達したら免許証を返納するのが賢明だと思います。

メイコ

高齢者講習でプライドが傷ついた？

「おれは免許証を返納してきたぞ」

レーサーになりたかった、とまで言っていた神津サン。若いころにはスポーツカーにしか乗らなかった神津サンが、3〜4年まえに免許証を返納しました。

私は免許をもっていません。最近の芸能人は自分で運転する人が多いけれど、私たちのころは芸能人がハンドルを握ることはご法度でした。万一、事故を起こしたら、その時点で芸能人としての人生は完全に終わりましたから。

神津サンが免許を返納したのは、もちろん高齢者がブレーキとアクセルを踏み間違えたりする事故があとをたたないことがいちばんの理由でしょう。が、もうひとつ、本人は言わないけれど、返納する1年ほどまえの免許書き換えで、高齢者講習を受けさせられたことも大きかったと思います。

プライドの高い人です。高齢者講習で、時計の絵を描かされたり、絵を何枚も見せられて、覚えているものを挙げさせられたり、今日の日にちを言わされたりしたそうで、帰ってくるなり、「人をバカにしている」とおかんむりでした。

あんなことをさせられるくらいなら、運転なんかしないぞとなったのでしょう。

神津サンが免許証を返納したあとも、高齢者による悲惨な事故が立て続けに起きています。そのたびに、「ホントに返納なさってよかったですね。お父さん、エライッ」と言っていました。

つい先日もまた、年寄りが事故を起こしていたので、たまには違う言い方をしようとしたのです。

「お父さんには先見の……、先見の、なんだっけ？」

「あんたの名前は？」

「中村メイコ。あ、先見の明だ。あなたって先見の明がおありね」

神津サンは小さくため息をつくと、新聞に目を戻しました。

体も頭も日々、少しずつ衰えてきているのはまぎれもない事実です。まだちゃんと運転できるという自信があっても、自分の年齢を考えて早めに返納するのがいちばん。後悔先に立たず、覆水盆に返らず、ですね。

みんな年をとるのだから、いちいち悩まない

神津

「さっきも聞いた」と指摘する

「さっき、Aさんから電話がかかってきたのよ」と女房。ぼくは「その話、さっきしたよ。おれが、これこれと答えたら、あんたは、そうね、って」。

ここのところ、女房は何度も同じ話をくりかえします。くりかえしても、そのたびに「そうかい」と答える仕方もあるかもしれません。が、それればかりだと、同じ話をくりかえすことが平気になります。

平気になっていくのとは反対向きの風を送ってやるほうがいいと思って、いまは「さっきも聞いた」と、なるべく指摘するようにしています。

ただし、女房の機嫌が悪いときには言いません。相手のそのときどきの精神状態を推し量り、見極めてから、言ったり、言わなかったりするわけです。老夫婦の平和な日々のためには、こまかいことに頭を巡らせなければなりません。

反対に、女房から指摘されることもあります。ぼくのモノマネで、前回のぼくの話をくりかえしてみせるのです。そういうときは、ぼくも「そうだっけ」と答えておきます。

これを言うと、自分の正当性ばかり言いつのっているようですが、そうではなくて、ぼくが同じ話をくりかえしたのは、実はそこから派生した新しい事柄を話すつもりでいたからで、でも、女房は頭の部分を聞いただけで先走りして、「その話、聞いた」と言います。そういうことがたくさんあります。

それでも、「最後まで聞けよ」などと言うと、話がこじれますから、「そうだっけ」と言って終わりにします。同じところに留まって言い争うよりも、相手の言葉を風のごとく受け流すことで、その話が違う場所へと飛んでいってくれたほうが、人生、ラクですからね。

ぼくは8人きょうだいの末っ子でした。小さいころ、兄たちに「隣の部屋にあるあの缶のせんべいをとってこい」とよく命令されたものです。

部屋へ行って、缶のふたを開けると、スッポンという音がして、親にみつかることもあります。でも、兄たちに命令されたとは言ってはいけないのです。手ぶらで戻ったぼくは、「ばかやろう!」と兄たちから拳骨《げんこつ》をもらうわけです。

うまくせんべいをとって戻ってきたからといって、せんべいを多くもらえるわけではありません。そういう理不尽なことが続いているうちに、逆らっても自分が疲れるだけで、風の吹くままに生きていくしかないと悟ったのです。

その悟りが、女房に対するときにも生きているわけです。

ところで、ぼくは体力が衰えたとはいえ、まだ同年代ではゴルフのボールをいちばん遠くまで飛ばします。が、曲をつくるスピードはひどく衰えました。若いころには1曲を2時間ほどで仕上げられたのに、60代をすぎたころからは、2時間たってもまだ半分もできていないありさまです。

この小節とこの小節がつながると、こういう音楽になっていく、と計算しながら曲をつくるわけですが、この計算に時間がかかるようになったのです。脳の神経細胞の働きが低下したのでしょう。

計算に時間がかかるだけではなくて、気に入らないというのもあります。昔は気に入らないも何も、スピードに乗ってつぎつぎにこなしていったものです。そのほうがカネになりましたから。還暦を迎えたころから、そういうギラついたものが徐々に薄れていったようです。

時間がかかるようになったぶん、ていねいな曲づくりをするようになったと言えないわけでもありませんが……。

ぼくは森繁久彌さんの社長シリーズをはじめ、330本ほどの映画音楽をつくってきました。1本の映画で多いものでは約70曲もつくって、アレンジして、それをオーケストラで演奏して録音をします。

年の暮れなどはスケジュールがぎっしりで、4日間も一睡もしないで映画1本の音楽を仕上げていました。夢見心地で指揮棒を振っていたことを覚えています。それが終わったときの快感といったらありません。そのあとに2日間、ぶっとおしで眠れるのがうれしくてたまらなかったのです。

けれども、いまもし、1日でも徹夜をしたら、そのあとはぶっとおしで眠って、もはや目をさますことはないかもしれませんから、やめておきます。

メイコ

老いた自分自身をおもしろがる

マネージャーの実子さんに、「昨日、私、ハンドバッグ、もって帰るのを忘れたよね」と聞くと、「ちゃんともってお帰りになりましたよ」。大好きな透明のバッグを見ながら、ふと不安になりました。

神津サンに「これ、あなたがくださった？　違ったっけ？」「おれだよ」。

この手のことを連発する日々。靄《もや》でもかかったかのように、記憶がぼやけて感じられ、いちいち確認しなければならないのですから、もう笑うしかありません。

隣の部屋に入っていったのはいいけれど、「あれ、何をしに来たんだっけ、私」。そういうときに、私はあわてず騒がず、冷静に思考を巡らせることにしています。「ここは衣装部屋だから、何か洋服をとりに来たはずで……」と、そこまで考えたときに、たいてい関係のない洋服が目にとまるのです。「これ、○○さんにあげることにしてたんだ」と思い出して、冷静な思考は本筋をはずれて漂い、私はその洋服をハンガーからはずして、たたみ始めたりします。

何をしに部屋に入ったのか、結局、最後までわからずじまいというのが、いつものパターンです。

「何をしに二階に来たのか夕立のなか」。どこのだれがつくったのか、いまの私には心にしみる川柳です。そういえば、知り合いの女性は2階へ週刊誌をとりに行くとき、階段を1段1段上りながら、たとえば、「週刊文春、週刊文春、……」と唱え続けるそうです。最後の1段で、「もう大丈夫、言わなくても」と油断をしたら最後、金輪際、思い出せないと愚痴っていました。

先日、神津サンに恥をしのんで、「お父さん、シャワーから出たら、私、○○をするから覚えておいてね」と頼みました。シャワーから出て、「私、何を頼んだっけ？」。すると、神津サンも「何だっけ？」。ふたりで大笑いです。

肉体の老化も加速度的に進行中です。ソファから立ちあがるにも、立ちあがってから一歩を踏みだすにも、ドアを開けるにも、よたよた、よちよちと、いちいち時間がかかるわけです。

まわりの人からすると、さぞかしまどろっこしくて、ウザくて、面倒くさくて、嫌になることでしょう。周囲からそう感じられていることを、せめて自覚しておきたいと思い、立ちあがるときなども、「ごめんなさいね、ちょっと時間がかかるかも」と断りを入れるのが、すっかり習慣になっています。

たしか77歳の誕生日だったと思います。まだ、まえの家に住んでいたとき、神津サンがすてきな誕生日プレゼントをくれました。階段の手すりです。私が階段をのぼるうしろ姿が危なっかしくて見ていられなかったのでしょう、手すりをとりつけてくれたのです。

あれからすでに8年。足腰はますます弱くなってきましたが、耳だけは衰えていなくて、子どもたちが私の悪口を小声で言っていても、「聞こえたよ」。

「ああ、耳は遠くないんだ」と妙に感心されるのです。

目は近視で乱視、そこに老眼まで入って、近乱老、キンランロウの私。子どものころ、強いライトを浴びて失明しそうになったこともあり、昔から目には自信がありません。アラン・ドロンが好きだったのに、神津サンと結婚したのはそのせいかしら。

アラン・ドロンが年をとってからは、リチャード・ギアに乗り替えたけれど、そのリチャードもすっかり老けて、今ではセカンド・ギアです。天下のイケメンも、天下の美女も、あなたも、私も、みんな、みんな年をとります。老いるという点では、神さまは人間を平等におつくりになったのです。

老いを避けることはできないのだから、悩んでも仕方ありません。悩むよりも、老化のデパートと化したみずからの姿を少々離れたところから眺めて、茶化して、おもしろがるのがいちばん。

神津

誕生日プレゼントは手すり

「待ってろ、そこで待ってろよ、すぐ行くからな」

2階から下りようとしている女房を見て叫びました。あの脚では転がり落ちるかもしれない……。ぼくは階段を駆けあがりながら、誕生日プレゼントを思いつきました。手すりです。

職人は手すりを上手につけることを考えますから、女房が使いやすいかどうかは二の次になります。ぼくとしては、手すりの高さを女房の身長に合わせたいし、太さも女房の小さな手に合ったものにしたいので、自分でつくることにしました。

最初は、タンスの引き出しのように取っ手を階段の両壁に並べてつけるつもりでした。あれだと、ギュッと力をこめて握れるので、ふつうの手すりよりラクにのぼれます。

ところが、ホームセンターを探しても、適当なものがみつからなくて、仕方なく、ふつうの丸棒の手すりにしました。いまは電動工具がありますから、とりつける位置に印をつけるだけで、あとは、電動のドライバーでビュッ、ビュッと留めていけばできあがります。

ぼくはものをつくるのが好きで、その昔、カティ・サークという帆船の模型をイギリスとアメリカ、フランスからとりよせたものです。その3つのカティ・サークの模型セットをいまももっています。

いつか、年をとって暇ができたら、これを制作して時間をすごそうかと思っています。ただ、模型の帆船をつくりだすと、そのことしか考えられなくなるし、いまはその時期でもないので、やれません。

女房が先に死んで、ひとり残されても、自分にはやることがあるぞ、とそういうつもりで、3つのカティ・サークをもち続けているのです。

ところで、仕事から帰ってきた女房は、階段の手すりを見て、驚いたようです。

「誕生日プレゼントだよ」

「ありがとう。……でも、毛皮のほうがよかったかな」

年齢を重ねても続けられる趣味

メイコ

共通の「趣味」は巨人戦

私たち夫婦には共通の趣味がありません。そもそも私には趣味というものがないのだから、仕方ありません。

神津サンの大好きなゴルフはしたことがなく、囲碁にいたってはチンプンカンプン。仕事と家事と子育てに追われていたうえに、毎日かならずお酒を飲んでいましたし、趣味にあてる時間がなかったのです。

それでも、野球中継だけは夫婦で一緒に楽しんでいます。私は子どものころから野球小僧ならぬ野球女子で、ずっと大の巨人ファンでした。令和元年の今年、夫婦して機嫌がいいのは、巨人が久々に強いからです。とはいえ、この本が出版されるころにはどうなっているかわかりませんけれど。

一緒にテレビで巨人戦を観ていると、同じ巨人ファン同士、勝っていればうれしさ倍増、負けていれば悔しさ・悲しさ半減、要するに、めずらしく夫婦の一体感を覚えられるのが、巨人戦というわけです。

でも、神津サンがちょっとかわいくないのは、7回裏、8対2で巨人が勝っていても、簡単に喜んだり、安心したりしないこと。「今日はおいしいビールが飲めるわね」と言えば、「気は許せんぞ。満塁ホームランが1本でも出たら2点差だからな」。嫌なこと言わないでよ。

夫婦で巨人戦を観るのは楽しいけれど、神津サンの好きな囲碁の番組は、私には少々苦痛です。あるとき、囲碁の番組を観ている神津サンのそばで、つまらなそうにため息をつくと、「あんたの舞台のセリフなんかにも碁からきた言葉がいっぱいあるんだぞ」と、例によって始まりました。

一目置く、岡目八目、八百長、布石、目算、駄目……。すべて、囲碁由来の言葉なんですって。それぞれの由来についても説明をしてくれたのですが、世間一般で言われているのとは違う「神津説」の解説も入ります。

それがまたむずかしいものだから、「ふつうの説明でいいんだけどな」とポッンとつぶやいたのが間違いでした。「根本がわかっていないで、その話を人前でしたら、あんたが恥をかくんだぞ」。うちのダンナさまは「根本」とか「本質」とかが好きなようです。

神津

趣味は長生きをするための「活性剤」

女房には趣味というものがほとんどありません。しいて言えば、麻雀ぐらいでしょう。ただ、麻雀となると、あの人が気に入ったメンバーを3人集めなければならない。それが大変です。娘たちだと、じきに「お母さん、もう寝なさい」と言いだすから、それも気に入らないでしょう。

酒を飲みながら麻雀台を囲んで、最後はうつ伏して寝始めたところで、みんなに寝室へ連れて行ってもらうというのが、女房にとっていちばん幸せなパターン。「いまは機械がパイをかき混ぜてくれるから、ラクでいいね」とやりたがっています。が、言ってては悪いけれど、いちばん弱いでしょうね。きれいな手で上がるというのが、女房の趣味ですから、汚い手で上がったりする者がいると、嫌な顔をします。あれでは勝てません。

それなら、「トランプをやろう」と言っても、トランプは「七並べ」しかしません。女房は人生における生活の幅がきわめて狭いのです。ただ、若いころはともかく、ある程度の年齢になったら趣味のひとつやふたつはあったほうがいいでしょう。生き続けるうえでの「活性剤」となると思うのです。

刺繍や縫物、編み物などの場合、ほめてくれる人や喜んでくれる人がいると、張り合いが出て上達も早いかもしれません。そこで、つくったものを子どもや孫、友だちなどにプレゼントして、「発表の場」にするのもひとつの方法でしょう。

出来栄えがよければ、「おばあちゃん、今度、ミトンの手袋、編んでほしい」とか、「つぎはレースのランチョンマットをお願いね」などと孫や友人などからリクエストされるかもしれません。

ところで、カティ・サークの帆船ができあがったら、孫や子どもたちに見せてひとしきり自慢したあと、女房の遺影のそばにでも飾るつもりでいます。

オレオレ詐欺、火の始末……自分の身は自分で守る

メイコ

「自分は引っかからない」の過信が危険

うちにもセールスの類の電話がよくかかってきます。

「喪服やご不要な着物など、おもちではありませんか?」。私は声をふるわせ、「どうして、そんなことを……。たったいま、不幸があったところですのに」。相手は「すみません」を連発しながら電話を切りました。

英会話の教材のセールスマンを撃退したのは、「5年ぶりにロンドンから帰ってきたばかり。なんなら英語で話しましょうか?」の短いセリフでした。

投資をすすめる電話もかかってきます。

「投資にご興味おありですか？」

「ありません。何もわかりません」

「ご説明のためにお宅へうかがってもよろしいでしょうか」

「ダメです、追いかえします」

「そんな……」

「不審者には大音響のベルが鳴るようになっていますから」

つぎの瞬間、ガチャンと電話の切れる音がしました。

85歳だけど、中村メイコが詐欺に引っかかることはありえない……と思っていました。

夫婦が顔を合わせる午後のお茶の時間に、午前中にかかってきた電話について話題にすることもあります。つい先日は不動産投資の勧誘電話がかかってきたことを話していました。

「で、あんたはどうした？」「もすもす、ただいま、どなたもおられませんが、って得意の声色で」。神津サンが血相を変えて、「そういうときには、黙ってガチャンと切るんだ」。神津サンの言うとおりでした。バアさんがひとりでいると思ったら、悪いやつが乗り込んでくるかもしれません。

このあいだは、「もしもし、バアバ？」と男の子の声で電話がかかってきました。バアバ、と言うのは、孫の太吉かな？　最近、あまり話していないけど、声が少し変わったかも。そして思わず、「太吉？」「うん」。やっぱり太吉だった。「何なの？」。けれど、それには答えず、相手は電話を切りました。

この話をしたら、娘たちにさんざん叱られました。たしかに、相手がなぜ途中で電話を切ったのかわからないけれど、あれがオレオレ詐欺なら引っかかっていたかもしれません。

幸い、これまで被害に遭わずにすんでいますが、「自分は大丈夫」と、しっかりしているつもりでも、年をとると、昔のようには頭がまわってくれません。ほんの退屈しのぎの、遊びのつもりで声色を使ったり、相手をからかったりしていました。そんなひまがあったら、頭がクルクルまわっていた昔とは別人と思い定めて、もっと、もっと注意をするべきでした。

たて続けに2回失敗して、神津サンにも娘たちにも叱られ、それからはすっかり懲りて、セールスの電話はすぐに切るようにしています。そして、今度「バアバ？」だの「オレオレ」だのと相手が言ったら、間髪入れずにガチャンと切るつもりで身構えている私です。

自分のことを安易に信じちゃいけない年なのね。

神津

火の始末や戸締りはぼくの仕事

火事でも出して、よそのお宅に迷惑をかけたら大変です。若いころはともかく、いまの女房には火の始末も戸締りも任せるのは少々危険です。そういうことに関しては、女房をあまり信用できないから、ぼくがすべて確認することにしています。

詐欺も心配です。「すみません、今日はだれもいません。私ひとりですから」などと言っているのです。

「わざわざ自分からバラさないで、すみません、仕事がありますので、と言って切ればいいじゃないか。何も言わないで、ガチャンと切ってもいいし」

そういったことをいちいち教えなければなりません。娘たちもかなりきつく言っていました。なんだかかわいそうな気もしてきますが、そのおかげで、女房も深く反省して、いろいろ考えたようです。今度、怪しい電話がかかってきたら、きっとすぐにガチャンと切ることでしょう（ダメかな？……多分ダメでしょう……多分）。

夫婦でも、健康維持の方法は正反対

神津

プラプラ体操で血圧が160から130へ

放送文化に貢献した番組や俳優、脚本家などに贈られる橋田賞の理事をさせられていて、先日、ほかの5人の理事とともに吉兆で食事をごちそうになりました。10品ほどの料理のなかで最初に出てきたのが、鯛のしゃぶしゃぶです。湯に鯛をくぐらせることで、その湯に鯛のエッセンスが溶けだしておいしいスープになり、それをあとからいただきます。鯛はもちろん、スープも絶品でした。

でも、87年生きてきた人生でいちばんおいしかった料理が、「ふかひれ姿煮御飯」。ごはんにおこげと、ふかひれの姿煮を載せて、すっぽん入りの特製の餡《あん》をかけた名物料理です。すっぽんの濃厚な味がおこげに浸み込み、ふかひれの歯ごたえと相まって、たいそう美味でした。

今度、女房と来ようかと思い、店の人にこっそり値段を聞いてみました。一人前2万5000円です。そりゃあ、うまいはずですが、高すぎます。あきらめました。

それはともかく、10品ほどのコース料理をすべておいしく食べられたのも健康だったからこそ。健康のありがたみをしみじみ感じたものです。

以前は血圧が高くて、160ほどに上がったこともあります。医者はそれ以上、上げないようにと、やたら薬を出しました。でも、血圧降下剤を飲むよりもいい方法があったのです。

ぼくが考えたプラプラ体操、別名、「バカ踊り」です。

立ったまま、肩も胴体も膝も体全体を10回ほどプラプラ、プラプラとゆすり、つぎに右足、左足、右手、左手をそれぞれ10回ずつブラブラと振ります。こうして体をゆすったり、振ったりすることで血液が流れやすくなり、そうなれば、血圧も下がるはずだと自分流に考えたのです。

時間にして1分間ほど。毎朝、顔を洗ったあとにかならずこのプラプラ体操をするようになったら、なんと、じきに血圧は130まで下がり、しかも、この数値をキープできるようになりました。「130ではまだ高い」と言う医師もいますが、ぼくはこれがふつうだと思っています。

女性は化粧品でせっせと肌の手入れをしていますが、それよりも、プラプラ体操で血の流れをよくしたほうが、肌はきれいになるのではないでしょうかね。

プラプラ体操が終わったら、今度はスクワットを20回おこないます。時間にして1分足らずの体操ですが、これをやっていれば、ゴルフを1ラウンドまわっても、それほど疲れません。同年代の仲間のなかで、ボールをいちばん遠くまで飛ばせるのも、1日わずか20回のスクワットによって、足腰を鍛えている賜物だと思っています。

何事においても、休むことなく持続しておこなうことが大切ですが、とくに筋肉は毎日欠かさず鍛えることで、たとえ80歳、90歳であっても、多分強くなるでしょう。

ところが、女房は運動をしようとしません。あるとき、「たまには15歩でもいいから、歩いておいでよ」と言ったら、女房もこのままではいけないとさすがに思ったのでしょう、素直にしたがってマンションの廊下を歩いて戻ってきました。帰るなり、「だまされた、私」「何でだよ」「15歩歩いて、15歩で帰ってきたんだから30歩だもん」。別に女房をだましたわけではなくて、15歩と言ったほうが、ハードルが低く感じられて、やる気にもなると思ったわけです。

実際、女房も翌日には、「今日は16歩歩こう」と自分から言いだし、「お父さん、16歩の倍はいくつだっけ?」「自分で計算しろよ」。老夫婦の、ある日のたわいのない会話です。

メイコ

定期検診も血圧測定もしない

60年以上の結婚生活のあいだ、睡眠時間は1日4〜5時間程度でした。なのに、生理痛なし、四十肩・五十肩なし、更年期障害なし、外反母趾も魚の目・タコもなし、花粉症なし、うつ傾向なしで、3度のお産も無事に切り抜けました。

お産については、この華奢な体ですから、かなりの難産でしたし、あのころは無痛分娩もなく、とにかく痛くて、痛くて、「私、何か悪いことしました?」と、3回とも怒鳴ったほどです。が、お産の痛みは子どもを産んだ女性はほとんどが経験していること。病気とは言えませんね。

悩まず、寝込まず、仕事は休まずの私は、神津サンに言わせると、「あんた、よほど無神経にできてるんだな」です。そう言う神津サンも、7年ほどまえに大腸ガンにかかったけれど、それ以外は糖尿病もなければ花粉症もない、持病なしの87歳。この点では似た者夫婦です。

ところが、健康志向については正反対。神津サンが糖尿病にかからないですんだのは、節制の賜物だと思っています。自分の母親が糖尿病だったので、神津サンは若いころから1日に食べるごはんの量をお茶碗に8分目と決めて、それをずっと守ってきました。

そのような意志堅固なところは私のどこを探してもみつかりません。

神津サンはお医者さんに「血圧を測ってください」と言われると、毎朝欠かさず測って、さらに、その結果を、指示どおりに毎月1回、お医者さんのところへ報告しに行っているのです。よくもまあ、あんな面倒くさいことが続けられるものです。私は血圧など測ったことがありません。

大腸ガンが早期に発見されたおかげで、神津サンが命拾いしたときには、私も「やっぱり検診は大切ね」と心を入れ替え、血液検査を受けたり、MRIなるもののなかにも入りました。けれども、それもいつのまにかやらなくなって、いまは、血液検査はおろか、血圧の測定もしていません。インフルエンザも年寄りがかかると怖いからと、予防接種を受けていましたが、2〜3年まえに面倒でやめました。やめても、かからないままでいます。

今年で85歳。戦争をくぐり抜け、結婚をして3人の子どもを産み、その子どもたちも老眼鏡をかける年ごろになり、孫も3人いて、そして、女優を80年以上も続けてきたのです。いまさら血圧が高いからといって、なんだと言うのでしょう。インフルエンザでコロッと死ねるのなら、それも悪くはありません。自然の摂理や流れにしたがい、老いるに任せる人生。それで死が多少、早まってもかまわないと思っています。

神津

ガンがみつかった！

友人の医者から電話がかかってきました。

「大腸ガンの検査を受けるんだけど、怖いから一緒に来てくれよ」

医者も自分の病気のこととなると、からっきしダメです。しようがないから検査に付き合ったら、彼には何もみつからなかったのに、ぼくのほうが引っかかってしまいました。

カンナとはづきがいろいろ調べて、虎ノ門病院に勤める黒柳洋弥先生という大腸ガンの名医をみつけてくれました。京都大学出身で、大腸ガンの手術回数は日本で第2位。アメリカの病院でも長く大腸ガンの手術をおこなってきた先生です。

黒柳先生に診ていただくと、幸いステージ1のごく初期のガンで、内視鏡による手術ですむとのことでした。問題は人工肛門にするかどうか、です。

ガン細胞は体の下へは転移しません。かならず上へ転移する。そこで、ガン細胞の下部ギリギリの位置から上へ15センチほど切ることになり、それだと人工肛門をつけなくてすむという結論に達したのです。

手術室はだだっ広くて、ほうぼうで手術をやっているのには、驚きました。ぼくの手術台のそばにはスクリーンがあり、内視鏡の映像がそこに映し出され、先生はそれを見ながら、患部を切除していくわけです。

手術は3時間ほどで、無事終了。ベテランの先生ですから、安心しきっていましたし、大学生のころに虫垂炎の手術を受けたときよりもはるかにラクなものでした。

大腸はとても頭がいいそうです。便が溜まると、腸の神経はそのことを感じとって、その情報を脳へ伝える。そうすると、トイレへ行きたくなるわけです。ところが、その腸を15センチも神経と一緒に切っちゃったのですから、溜まっているのかいないのかがわかりません。先生は、「そのうち、わかるようになるから、心配ありませんよ」と言ってくれました。

一部分の神経がダメになっても、ほかのところから神経が伸びてきて、それを補うようになるのだそうです。ぼくの場合もじきにわかるようになりました。人間の体は実にうまくできているし、切った張った、をしても生き延びられるのですから、かなり強靭なつくりになってもいるようです。

手術を受けてから7年。再発することもなく、どうやら大腸ガンはぼくから去って行ったようです。

「もし再発しても、あとはガンとあなたの生命力との闘い。医者が診て、どうこうするような問題じゃありませんよね」と黒柳先生。

はてさて、ぼくの免疫力が勝つか、ガンのやつの力が勝るか、はたまた、餅を喉に詰まらせて死んじゃうか……。もうそれは、神のみぞ知る世界です。

第４章

終活と最期に向けて

死と隣り合わせ

神津

生ハムで死にかける

　レストランで女房とふたりで食事をしていたときのこと、生ハムが喉につかえました。飲み込もうとしても、ヒューヒューという笛のような音がするだけで、息ができません。女房が「どうしたの？」と聞くけれど、声が出ないのです。女房はオタオタするばかり。

　死ぬかもしれない……。そう思ったとき、呼吸をしなくても1分間ぐらいはもつことを思い出しました。そして、なおも必死で生ハムを飲み込もうとしました。ヒューヒュー……。うまくいきません。そうだ、戻せばいい！　前屈みになって、何回かたて続けに咳をすると、何とか生ハムを戻すことができました。

その間、1分足らずだったはず。ああ、死ぬってこういうことなんだ。あのときそう思いながら、一瞬、スマホを探しました。みんなに電話をかけて、「おれ、死ぬから」と伝えておかなくてはならないと思ったのです。

具合が悪くなったときに、「仕事へは行かれません」と電話をするのと同じような感じでした。長年の習慣が、生きるか死ぬかの瀬戸際で、このようなかたちで表れたのですから、おもしろいものです。

それから1週間もたたないうちに、また死にそうになりました。今度は、好物のうどんを喉に詰まらせてしまったのです。マネージャーと昼にうどん屋に入り、四国の太くてコシのあるきつねうどんを注文。お揚げを小さく切って、短めにしたうどんと一緒に口に入れました。うどんが喉をふさぎ、その上にごていねいにも、お揚げが載っかっていたのです。

飲み込むのではなく、外へ出せばいい……。2回目ですから、学習ずみです。

マネージャーがほかのお客さんから見えないようにそばに立ってくれて、ぼくは上体を屈めて指を入れ、うどんとお揚げをどうにか戻すことができました。

食べものを詰まらせてしまったら、とにかく出すこと。咳をするのもいいし、もっと確実なのは、指を喉に入れる方法だそうです。そばに人がいれば、背中を叩いたり、胸を圧迫したりしてもらいます。

それにしても、あれはぼくの不注意でした。コシがあって、そばなどと比べるとずっと太いうどんは、喉をふさぎやすい。そのことがわかっていてもいいはずなのに、好物なので不用意に口に入れてしまいました。

未遂ながら、生ハムとうどんの「事故」は、食べものを目で見て、危険かどうか判断できることの大切さを教えてくれました。喉は小指の先ほどの太さ。そこに食べものが入ってくると、喉のまわりの筋肉が収縮をくりかえし、その動きによって、食べものは喉から押しだされて、食道へと送り込まれます。

ところが、年齢とともにそれらの筋肉も衰えてきます。高齢になるにつれ、食べものをしっかりと下へ押しだすことができなくなり、食べものが喉につかえやすくなるのです。

注意しなければならない食べものといえば、その筆頭は餅でしょう。毎年、お正月のたびに何人もの老人が餅を詰まらせて亡くなっています。ごはんのように粒状になっていれば、詰まったときもまだなんとかなりそうですが、餅は平らな塊で強い粘りがあるため、喉にくっつきやすいのです。

生ハムの場合は、薄くて、適度に湿り気があり、やはり喉に貼りつきやすくなります。それは、ノリやワカメなども同じですし、また、干し柿は、表面は乾いていますが、なかのほうは思いのほか、ねっとりとしているので、やはり喉に詰まりやすく、要注意です。

とくに怖いのが、ピーナッツでしょう。つるつるしてすべりやすく、先がほそくなっているので、喉の入口でいったんつかえると、外へ出すのがむずかしい。喉の長さは5~6センチと、けっこう長いから、喉のここまで来た、あそこまで来たと言っているうちに、息ができなくなって亡くなってしまう危険があります。若いころから、死というものがあまり怖くなかったのですが、それでも、最期は「さよなら」を言ってから旅立ちたい気持ちはあります。だから、食べものを詰まらせて息ができない状態で死ぬことは、できれば避けたいのです。

とはいえ、いくら用心しながら食べていたとしても、喉の筋肉も、また周辺の神経も衰えた年寄りには、それを完全に防ぐことはむずかしいと思います。ぼくもおそらく、また同じことをくりかえすでしょう。それは仕方のないこと、と覚悟をしておいたほうがよさそうです。

年をとることは、死と背中合わせで生きるということなのですから。

メイコ

冷静だった私

向かいの席で神津サンが口を半開きにして、ヒューヒューと苦しそうな音をさせています。「どうしたの?」。ヒューヒュー……。話ができません。顔が真っ赤です。喉に何かを詰まらせたんだ! 私は固まってしまいました。

が、その一瞬あとには「大丈夫、彼のことだもの、絶対になんとかする、乗り切るに違いない」と思え、すると、落ち着いたのです。

そして、店は混んでいるな、「キャー、どうしよう!」などと私が叫んだら、店は大騒ぎになるから、それだけは避けなければならない、救急車を呼ぶにしても、「あっ、中村メイコだ」などと気づかれないように、何食わぬ顔で電話しなければ……。頭は忙しく働き、おそらく数秒間のうちにこれだけのことを考えたのだと思います。

神津サンが紙ナプキンを手にして、そこに何かを吐きだしました。助かった! やっぱり神津サンは乗り切ったんだ。

「えらかったね」

思わず拍手をしていました。

「あんたはいつも観客でしかいられないんだな」

「へえ、すみません。でも、あなたは『大丈夫、あなた』などと騒ぎ立てる女は好きじゃないでしょ」

どうやら私は度胸が据わっているようです。

そういえば、もう7年になりますが、神津サンに大腸ガンが見つかったときも、死んじゃうかもしれない、と怖くなりました。が、まだステージ1のごく初期であること、それもできた場所がよいから、お腹に穴をあけて、内視鏡の手術ですませられることを知って、肝が据わりました。大丈夫、神津サンならガンも克服できる、と。

度胸も、肝も、据わっている私。こう見えて、けっこうしっかり者です。

死ぬのは家で？　それとも病院で？

神津

人が死ぬのは引き潮のとき

豊臣秀吉も死にました、徳川家康も死にました、ゲーテも、ベートーベンも、みんな死んでいます。不老不死の薬を探しにいった人間さえ死んでいます。

地球がまわり続けて、朝、昇った太陽もゆうべには沈むのと同じで、生まれてきた以上、かならず死ぬのが人の定めですから、自分だけ死を免れようというのは、どだい無理な話です。

ぼくは、どうせ死ぬのなら病院ではなく自分の家がいいと思っています。病院で死ぬのは、ある意味、他人のなかで死んでいくことですから。やはり、長く親しんだ自宅で家族に見守られながらあの世へ旅立ちたいし、そう願うのは人間としての自然な感情でしょう。

ところが、いまはほとんどの日本人が病院で亡くなります。自宅で死ぬと、不審死扱いされて警察がやってきて、遺族が長々と「尋問」を受け、そのあげく、解剖までされかねません。

老いさらばえたわが身が解剖されるなど、考えただけでも不愉快の極みです。それに、最期は自宅で、といくら考えていても、85歳をすぎれば、外出先などでポックリ逝ってしまうことも大いに考えられます。

自宅で運よく死ねたら、それはもう御の字、それがかなわなくても、それはそれでよしとする。そのくらいのゆるい願望で抑えておくのがよさそうです。

ところで、ぼくは植物の研究を長年していて、早稲田大学理工学部で植物の講座を15年ほどもっていた時期もあります。植物は5月ごろにいっせいに新芽を出しますが、あれは植物がお産をしているのです。新しい命をどんどん産みだしているのです。

その膨大なエネルギーの影響から人間は逃れられないし、それに抵抗することもできません。5月の木の芽どきに多くの人たちが体調をくずすのは、実に植物のお産が原因なのかもしれません。

人間の心身の状態が植物のお産という自然現象の影響を受けているように、人間の生死もまた、潮の満ち引きという大自然の営みと連動しています。事故などで亡くなる場合は別にして、人は引き潮のときに死に、そして、生まれるのは潮が満ちるときです。実際、ぼくの両親も兄たちもみんな、潮が引いて亡くなっていますし、満ち潮で亡くなった者はいません。

うちも年寄りのふたり暮らしですから、潮の満ち引きの記された暦をおいていて、大きく潮の引く新月や満月のときの引き潮の時間帯には、女房のこと、自分のことをそれとなく気にかけるようにしています。

人はかならず死にます。これも大自然の法則です。ですから、どのように死ねばいいのかを考えなくても、神さまがちゃんとあの世へつれていってくださるでしょう。第一、そのようなことを考えたからといって、何ができるわけでもありません。

生きていれば、日々、いろいろなことが起きます。それらを風のごとく受けながら生きていくのが人生であり、そして、ある日、その風がちょっと強かったので、コロッと逝ってしまいました、とそのぐらいの感じで死をとらえて生きていくのがいいと思っています。

メイコ

病院で死にたい

最近は、わが家で家族に囲まれて最期を迎えたいという人が増えているそうです。そのために在宅医療の体制の充実も叫ばれているとか。

でも、私はポックリ逝くのなら、道端よりはわが家のほうがいいけれど、そうでなければ入院先の病院で死にたいのです。

自宅はあくまでも生活の場です。なのに、そこへお医者さんが往診のために出入りして、病状が重くなったら、看護師さんが常駐するかもしれません。医療器具も運び込まれるし、薬の独特の匂いもするでしょう。

生活の場であるはずの家が、まるで病院になってしまいます。これでは、家族のあたりまえの生活がないがしろにされます。やはり、お医者さんや看護師さんや医療器具や薬の匂いがなじむのは、病院をおいてありません。

住みなれた家には不似合いの医療器具があるそばで、イテテテッとうめきながら死ぬのではなく、同じイテテテでも、病院で最期を迎えるのが舞台装置としても似つかわしいし、しっくりすることでしょう。

私は女優。自分の最期を迎える場面の舞台装置のことが頭をよぎるのです。

「ちょっと危ないかもしれない、と少しでも思ったら、すぐに入院させてね」とおりにふれ娘たちに言っています。

私は死ぬことは怖くありません。この年齢まで生きていると、あっという間に死んでしまった人たちを何人も知っています。昨日まであんなに元気だったのに、今日はもう冷たくなっているし、動かないし、しゃべらないし……。

死ぬというのは、境界線をひょいと跳びこえるようなもので、人は案外、簡単にあの世へ逝くものだと、そのたびに感じました。生死をわけるその境界線は、案外、細いもののようです。

細い境界線をひょいと跨《また》ぐだけでいいのですから、恐るるに足らず、です。

しかも、私は無宗教ながら、あの世があると信じています。あの世へ逝けば、ひばりさんに会えます。パパにもママにも、おばあちゃまにも会えます。

森繁さん、のり平さん、ロッパさん、エノケンさん、高峰秀子さん、裕次郎さん、三波伸介さん……たくさんのなつかしい方々と会えるのです。

ひとりですごす昼下がりや夕暮れどきに、ふとあの世のみなさんに無性に会いたくなることがあります。お迎えが近いからでしょうか。

老人ホームに入るか入らないかは、もう決めている

神津

最期まで自宅で作曲していたい

ぼくは考えることが好きです。頭でいろいろ考えながら曲をつくるのが好きです。作曲なら家で座ったままできますので、おそらくぼくは最期まで作曲を続けているでしょうし、そうありたいと願っています。

さらに、ぼくは慣れ親しんだ自分の仕事部屋で作曲したいし、自立した環境のもとで曲づくりをしたいのです。つまり、ぼくは、老人ホームには入りたくない。最期まで自宅で自活していたいのです。

病気で倒れて、ひとりでは暮らせなくなる可能性も当然ありますし、そうなっ

たら、老人ホームのお世話になるしかないでしょう。その覚悟をしつつも、できるかぎり自分の家で自分のことは自分でしながら暮らしたいと考えています。

ところで、曲をつくることはぼくにとって、生きている証しのようなものです。作曲すること自体が目的であり、その曲が演奏されることは考えていません。けれども、もしその気になれば、コンピューターのソフトを使って、ぼくの曲をオーケストラに演奏させることもできます。かのボストン・フィルハーモニーに自分のつくった曲を演奏してもらうことさえ可能です。ただし、ボストン・フィルの演奏ソフトは非常に高くて、現在はもっていません。残念！

実際、みんな悔しいから言わないだけで、いまではコンピューターのほうが人間よりも上手に演奏しますし、コンピューターのほうが都合のいい面もあるのです。たとえば、１００人のオーケストラに向かって、「こういう方向を見て演奏してくれ」と指揮者が言っても、人間１００人を同じ方向に向けるのは困難なことですが、コンピューターなら即座に、全員を同じ方向に向けることができます。

わざと下手に演奏することも朝飯まえですから、こまっしゃくれたやつです。市民オーケストラが演奏していることにして、8パーセント下手にしよう、高校生ということにして12パーセント減にしよう、などと思えば、コンピューターに命令するだけで、その割合の下手さで演奏してくれるのです。

あなたがいま『白鳥の湖』を聴いているとして、その演奏は人間ではなくコンピューターソフトによるものの可能性もあるのです。

話がそれてしまいました。もとに戻しましょう。

ぼくは女房が先に亡くなっても、ひとりで暮らすつもりだし、暮らしたいと思っています。反対に、ぼくが先だった場合には、女房は老人ホームに入るつもりでいます。ぼくもそのほうが安心です。

その老人ホームはぼくの姉が入っている施設で、女房はそれを見て気に入ったようです。ぼくと違って、四の五の言わずにさっさと入るでしょうし、入ることができるでしょう。

けれど、たったひとり、個室で暮らすさみしさに、女房ははたして耐えられるのか。それが心配でなりません。

幼いころからたくさんの人たちに囲まれて生きてきた人です。結婚してからはこれに家族も加わりました。いまも仕事先ではディレクターや編集者やカメラマンなどと一緒ですし、マネージャーもいつも行動をともにしています。いまはまだ、家に帰るとジイサンがひとりいます。

85年間も生きてきて、いまだひとり暮らしの経験のない女房が、自分のもちものさえほとんどない小さな部屋で、ぽつんとひとりでいる姿を想像すると、かわいそうでなりません。

メイコ

老人ホームでのひとり暮らしが待ち遠しい

神津サンがいなくなったら、私は老人ホームに入るつもりでいます。子どもたちに私の介護をさせるわけにはいきませんし、そのような負担を子どもたちにかけたくないのです。

入居する老人ホームも目星をつけてあります。数年まえにカンナとはづきに付き合ってもらって、その施設を見学し、すっかり気に入りました。そこには神津サンの姉も入居しています。

8畳ほどのこぢんまりした個室にはバス・トイレがついていて、お湯を沸かせる小さなキッチンもあります。食事は部屋に運んでもらえます。

見学中に、「あっ、メイコさんだ」と、入居の方から声をかけられると、カンナは「さようでございます、近いうちにお世話になると思いますので、よろしくお願いいたします」と、早くもそんなあいさつをしていました。

こんなことを書いたら、神津サンが亡くなるのを待っているようで少々不謹慎に思われてしまうかもしれませんが、実は私は老人ホームに入る日を心待ちにしているところがないでもないのです。

ひとり暮らしは、若いころからのあこがれでした。

ひとりっ子なのに、子どものころからいつもだれか人がついていました。結婚してからも子どもがすぐに生まれましたし、いまのマンションに引っ越すまえの家では、私たち家族が５人、神津サンの母、私の母、神津サンのお弟子さん、住み込みのお手伝いさん、それに２匹の大型犬もいて、人間９人、犬２匹の大所帯だった時期もあります。

人がたくさんいる家の独特の活気と賑わいを満喫しながらも、ときどき無性にひとりになりたくなりました。

私はもともとひとりでいることが好きな人間です。長く一緒に暮らしているけれど、神津サンはそのことに気づいていません。ひとりの時間が好き。これは神津サンの知らない、私の一面なのです。

街を歩いていても、「あら、メイコさん！」と気づかれないように、他人さまの目から逃れる腕には年季も入っていますし、それは「熟練工」のレベルです。

1か月公演などでも、休憩時間に遊びに来られるのがあまり好きではありません。役者によっては、楽屋に人が出たり入ったりして賑やかなほうがいい方もいます。でも、私はたくさんのお客さんをまえに演技をしなければならないのだから、休憩時間ぐらい、ひとりだけでボーッとしていたいのです。

いまもすでに、ふたりでいるとはいえ、神津サンはほとんど自分の部屋に閉じこもって仕事をしていますし、ひとり暮らしのようなもので、それがすこぶる心地いいわけです。

BSで好きな映画を観たり、本を読んだりして、たまに猫のハッチに「あんた、寝てばかりいるじゃないの。私、ひとりなんだけど」と声をかけます。昼寝を邪魔されたハッチは眠そうな顔をして伸びをすると、私のそばにやってきて膝のうえにちょこんと乗ります。

そもそも神津サンは8人きょうだいの末っ子で、すごく甘ったれですし、みんなで賑やかにしていることが大好きです。6人の兄たちがつぎつぎに家を出ていき、最後は姉や母親から、ひとり息子のようにちやほやされながら、大事に育てられました。

自分が甘えん坊で、賑やかなことが好きだから、ひとりが好きという気持ちがよく理解できないようです。その昔、私が家族から離れて、ポツンと部屋の隅などにいると、「どこか悪いのか」と心配そうな顔をして声をかけてきましたもの。

私はひとりが大好き。テレビと本さえあれば、老人ホームでひとりでもさみしくはありません。最期の日まで、おだやかに、機嫌よく、淡々とひとり暮らしを楽しむつもりです。

神津

ぼくが面倒をみたい

施設に入った場合、下の世話もしてもらえます。が、女房がそれをしてもらうことを考えると、かわいそうでなりません。だから、もしぼくの生きているあいだに女房がそういう状態になったら、施設には入れないで、ぼくが最後までみようと思っています。

長門裕之さんも奥さんの南田洋子さんを施設には入れずに、下の世話も含めてすべて自分でやっていました。「壊れた人形があるけど、だれか面倒をみてくれませんか？」という気持ちにはなれなかったのでしょう。ぼくには長門さんのその気持ちがよくわかります。

施設では、下の世話はゴム手袋をしておこないます。でも、ぼくなら手袋なしでも、きっと片づけられるでしょう。夫婦も長年つれそううちに、だんだんとそういうことができるようになっていくものです。

もちろん、逆のケースも考えられます。ぼくがそのような状態になったときに、見知らぬ人に下の世話をしてもらうのは、やはりつらい。かといって、女房にやらせるのはもっと酷です。絶対にさせられません。

だから、ぼくも、女房も、できるだけ下の世話を受ける時期を遅らせて、それを最期の最期、ほんの短い期間だけにして人生をまっとうしたいと願っています。

それがいまのぼくの、もっとも切実な願いです。

でも、どれほどそれを願っても、かなわないかもしれません。そうなったらあきらめて現実を受けいれ、「これも人生さ」とみずからに言い聞かせながら、最期まで生き続けることになるかもしれません。

自分の葬式について考えていること

神津

ぼくは密葬、女房は本葬で

先日、友人の葬式のために長野県の佐久市へ行きました。斎場に着いたのが午後2時で、葬儀が始まるのは2時半です。係りの人に出棺の時間をたずねると、「出棺はありません」と言われ、とまどいました。

ようするに直葬といわれるかたちだったのです。亡くなったらすぐに斎場へ運んで火葬にし、葬儀では、焼きあがったお骨を骨壺に収めて飾るだけ。だから出棺はないし、また、お通夜もなければ告別式もありません。

お坊さんのお経も短くて、葬儀はものの2分ほどで終わりました。これには驚きましたが、いずれこのようなかたちの葬儀が主流になっていくのではないでしょうか。

　ふつうの葬儀では、午前中に火葬がおこなわれることはほとんどありません。早くても午後1時ごろから始めて、4時ぐらいが最後です。わずか3時間では、1日にせいぜい3人ほどが限度でしょう。

　ところが、直葬なら真夜中でも早朝でも関係なく、1日24時間フル稼働できます。近い将来、日本は「多死時代」とやらに突入するはずで、これまでのやり方で1日3人ほど火葬するだけでは追いつかないことは目に見えています。

　佐久市でぼくが経験した葬儀は、この問題を解決するひとつの方法となるのではないでしょうか。

　ぼくのときには密葬にしてほしいと言ってあります。仰々しくならず、騒がれることもなく、身内だけでひっそりと見送ってもらいたいのです。その場合、佐久市のようなかたちの葬儀でもいっこうにかまいません。

そもそも、香典というものが気に入りません。なぜぼくの葬式に金を包んできてもらわなければならないのか。昔は、助け合いという意味がありました。みんながもってきたお金で棺桶を買っていたけれど、いまはそういう時代ではありません。「内輪ですませました」と言えばいいだけの話です。

けれど、女房の場合は、いちおう名前のある人間ですから、ぼくのようにはいきません。NHKなども女房が亡くなったらすぐに、追悼番組を流せるように、すでにいろいろな映像を集めて待機しています。そういう立場の人間が内輪だけの密葬ですませるわけにはいかないでしょう。

青山斎場など、しかるべき斎場で葬儀をおこなってもいいし、後日、お別れの会を催してもいいから、とにかく、これまでお世話になってきた方々に最後のお別れをして、区切りをつけることが、芸能界で長く生きてきた者の筋だと思っています。

ぼくが先に逝ったときのことを考えて、このことはカンナにすでに伝えてあります。カンナなら間違いなくやってくれることでしょう。

ところで、ぼくはお骨になって墓に葬られたあとは、忘れられてもいっこうにかまいません。散った花は散った花でしかなく、それをゴミ箱から拾ってきて、押し花にするようなことはしないでほしいと思っています。

メイコ

弔辞は黒柳徹子さんに読んでほしい

これまでたくさんの弔辞を読んできました。ひばりさんから堰《せき》を切ったように、いろいろな有名人の方々……。でも、私が死んだときは、だれが弔辞を読んでくれるのでしょう。親しかった人たちはみんなあちらにいます。

たったひとりの例外が黒柳徹子さんです。私よりも1歳年上ですが、私よりもずっと元気です。そこで、「徹子さん、あなたが弔辞を読んでね」と頼んでみました。「それは約束しかねるわね」と徹子さん。

同じような年齢の者同士、どちらが先に逝くかわからないのだから、約束できないと言うのも当然です。けれど、徹子さんのほうが長生きするだろうと思うのです。

あの方は子どもを産んでいないし、育児をしていないし、そして、ダンナさんもいません。子どもを産んで育てることは、大変なエネルギーを消耗する一大事業です。しかも、私の場合は3人も産んでいます。

そして、夫と同じ屋根の下で暮らし続けるのも、日々の生活で感じる煩わしさや腹立ちや悔しさなども含めると、けっこうなエネルギーを要します。

その意味では、徹子さんはエネルギーを浪費することなく、たっぷりと温存していらっしゃるはずです。番組をご一緒していて感じる、あの年齢にそぐわないパワーは溜め込んできたエネルギーの賜物ではないでしょうか。

徹子さんが車椅子でもいいからお葬式に来て、「歯医者さんで、レントゲンを撮ります、と言われた故人は、ブラウスのボタンをはずそうとなさったそうですのよ」などと弔辞を読んでくださったら、葬儀会場も明るい笑いに包まれると思いません？

葬儀会場といえば、私は長いあいだ、世田谷の砧《きぬた》にある東宝の撮影所でお葬式をしてほしいと思っていました。

2歳半でデビューした映画が、東宝の『江戸ッ子健ちゃん』。以来、東宝の撮影所で社長シリーズをはじめたくさんの仕事をしてきました。古川ロッパさん、エノケンさん、黒澤明さん、森繁久彌さん、高峰秀子さん、杉村春子さん、上原謙さん……。東宝撮影所は、なつかしい方々との思い出がぎっしり詰まった、私にとってかけがえのない仕事場だったのです。

東宝撮影所の片隅でもいいからお借りして、お葬式をして、最後に霊柩車で撮影所のまわりを1周してから、この世とお別れできたら思い残すことは何もありません。

ところが、10年ほどまえ、たまたま車でまえをとおると、撮影所のスタジオが消えていたのです。日本でいちばん古い第1スタジオと第2スタジオも、多くの日本映画の名作を生んできた第5スタジオも、第6スタジオも建物の姿はなく、きれいに更地になっていました。

それからしばらくしてまた車でとおると、かつて武骨なほど頑丈な造りの、防御陣地みたいなスタジオが建っていた場所には、モダンで、軽やかで、ピカピカした建物が空高くそびえていたのです。

それは、思い出に彩られた、かつての「職場」とは無縁のものでした。

お葬式の会場には、東宝撮影所だけではなくて、青山斎場などを考えるべきでしょう。それでも、斎場はともかく、かつての職場を霊柩車でひとまわりして、最後のお別れをしたい気持ちはいまも変わっていません。

「同じお墓に入るべき」と決めつけなくてもいい

神津

女房はぼくと同じ墓に入りたいんだな

義父が入院したのは、80歳のときです。女房はカンナと仕事でニューヨークへ行っていました。はづきは留学中だし、善之介はまだ9歳。病院にはぼくがずっと付き添っていました。

「メイコはどうした？」

「ニューヨークですよ。仕事だから帰れません。がまんしてくださいね」

義父は「メイコは私の最高の作品」と言ってはばからなかった人です。最期にひと目でいいから愛娘と会いたいだろうに、それがかなわない……。義父の心のうちを思うと、ぼくはいたたまれない気持ちになり、義父に女房を「お返しする」のがいちばん自然かもしれないと、ふとそのとき思ったのです。

「相談なんですがね、女房が亡くなったら、豊橋にある義父さんと義母さんの墓に入れてもらえませんか。女房がそちらの墓にいれば、カンナたちもかならずそちらへお参りに行くだろうし」

義父はにっこりとうれしそうに微笑み、ほっとしたようにうなずきました。安心したことで、死期が早まったのか、それから数日もたたないうちに息を引きとりました。あのときの義父の笑顔を、ぼくは生涯忘れることができません。

ニューヨークから帰ってきた女房に墓のことを話すと、「えっ、離婚されるの、私？」などと、初めは素っ頓狂なことを言っていました。が、事情を話すと、すぐに賛成したのです。

「そう、男同士の約束……。いいわね」

ところが、あれから40年近くもたったいまになって、とつぜん女房が言いだしたのです。

「私は豊橋のお墓に入るんですよね」

「そうだよ、そう決めたじゃん」

「あのさあ……、分骨っていうのはできるのかなあ」

そうか、死んだあと、ぼくと離れ離れになるのが嫌なんだ、ぼくと同じ墓に入りたいんだな……。女房は強がりなのか、そういうことをはっきりと口に出しては言えない女です。そこで、「ああ、分骨してもいいよ。でも、喉の骨はおれの墓にはこさせるな、うるさくてしようがない」。

夫婦のあいだの定番のジョークを言ってから、ぼくは続けました。

「よし、わかった、それじゃあ、あんたが先に死んだら、あんたの骨をおれのほうの墓に入れて、豊橋へは分骨したぶんを持っていくよ。でも、おれが先に死んじゃったら、それができないから、あとのことはカンナに頼んでおけばいいな」

すると、女房はにこにこっと笑ったのです。やっぱりぼくの墓に一緒に入りたかったのでしょう。カンナにもさっそくこの変更を伝えておきました。

長い年月をともにしてきた夫婦では、同じ墓に入りたいと願うのが自然だと世間一般では考えられているようですが、ぼくには夫婦が同じ墓に入ることに意味があるとも思えません。

死んだらそれきり、と考えるのなら、どちらの墓に入ろうと関係ないし、死んでも魂でつながっていると思うのなら、それこそ、お骨という「物質」が同じ場所で寄り添う必要はないという理屈も成り立ちます。

そもそも、数億年すれば太陽が膨張して、地球が燃えてなくなることはほぼ確実で、そのときには、お墓も当然、燃えてなくなるわけです。未来永劫、お墓が続くなどと考えるのは、みずからの知識のなさを証明しているようなものです。

戦地で亡くなった兵隊たちは墓にさえ入れずに、遠い異国の地で眠っているわけです。そのような兵隊たちのことを考えたとき、どちらの墓に入ったらいいかと迷ったり、考えたりすること自体がぜいたくな話でしょう。

ただ、そうは言っても、死んでも同じ墓に入れて、一緒になれるんだと思えば、おそらく死や死後の恐怖が多少とも和らぐかもしれません。その意味では、同じ墓に入るというのは、いいことだとも思います。

もっとも、死んでまであいつと一緒？　まっぴらごめんだ、という夫婦がいることもたしかで、いえ、ひょっとしたら、そちらのほうが案外、多数派という可能性もあります。

ただ、どんなに仲の悪い夫婦でも、死というものがくっきりとした輪郭をもって立ち現れるころになると、それなりに仲がよくなっていくような気がします。

つまり、人生の最終段階までくると、たとえ犬猿の仲だった夫婦でも、おたがいが倒れないように支え合い、頼り合うようになるのではないか。そうなると、「同じ墓にだけは入りたくない」と言っていた人も、考え直すのではないか……。

ほかの夫婦のことはぼくにはわかりません。

けれど、想像するに、長年、たがいに寄り添い、苦楽をともにしてきた夫婦は多くの場合、死が視野に入る時期ともなると、若いころの恨みつらみ、嫌悪感などが徐々に薄められ、消し去られて、そして、おたがいを支え合い、頼り合うようになるのではないか。そのようなふしぎな「奇跡」が起こりうる……。

60年以上、夫婦を続けてきたぼくには、そのように思えるのです。

ここで、念のためにくりかえしておきますが、ぼくが義父に、女房を豊橋の墓に入れてほしいと提案したのは、あくまでも、義父の娘に対する深い愛情を慮《おもんぱか》ってのこと。断じて、決して、女房と同じ墓に入るのを、あの喉の骨がくることを怖れたためではありません。

メイコ

同じお墓に入ったほうが合理的

「あんたは神津家の墓ではなくて、中村家の墓に入りなさい」

「えっ、離婚されるの、私？」

思わず口走っていました。でも、それは神津サンと父との男の約束だというのです。いい話……。しんみりしました。

「でも、あなたがさみしいといけないから、私のお骨の一部をそちらに入れましょうか?」

「けっこうです。喉の骨がきたらうるさくて眠れない。いっさいいりません」

「ほんのひと匙ならどうかしら?」

「ま、ほんのひと匙なら、おれのほうに入ってもいいよ」

あれから40年近くがたちます。最近、神津サンが私のお骨の一部を神津家のお墓に入れようと言いだしたのです。ほーらね、あのとき私が言ったじゃないの。

中村家のお墓があるのは、愛知県の豊橋市。豊橋では子どもたちがお墓参りをするのは大変だし、「遠くても、お母さんのお墓参りに行くわ」というような子どもたちではありません。

神津家のお墓は東京の多磨霊園。車でさほどかかりませんし、分骨すれば1回で両親ふたりぶんのお墓参りがすむわけです。とても便利だという合理的な意味で神津サンは言ったのでしょう。

神仏を信じていらっしゃる方たちには叱られるかもしれませんが、お墓にさほど思い入れがないというか、樹木葬だって、海洋葬だってかまわないと思います。『千の風になって』ではないけれど、亡くなったあとの魂がお墓のなかにじっと留まっているとはかぎらない気がします。ときどき抜けだして、宙にふわふわ浮かんでいたり、自由に飛びまわっていたりしている可能性もあります。

お墓といえば、一時期、ひばりさんとふたりで、サントリーのオールドばかり飲んでいたことがあります。オールドの愛称は「だるま」。真っ黒な瓶にラベルの赤がアクセントになっていて、デザインもおしゃれです。

「ねえ、メイコ、飲みきっただるまの瓶をお墓のまわりに塀のように並べたら、赤と黒できれいだよね。酒葬になる」

「それ、あなたらしくていいわ、そうしなさい」

「じゃあ、メイコのお墓はオールドパーの瓶がいいよ」

飲みながら、そんなたわいのない「夢」をふたりして話したこともありました。そのひばりさんが亡くなりました。この世にこれほど悲しいことがあるのかと思うほど悲しかったのです。

親の死は、子どももある年齢になれば、心のどこかで意識しているし、覚悟しているものでしょう。でも、3歳も年下のひばりさんの死は、意識したこともなければ、覚悟したこともなかったのです。カンナは、私があと追いするのではないかと、寝室を何回も見に行ったと言います。

それほど悲しかったのに、ひばりさんのお墓へはお参りに行ったことがありません。でも、わが家のあちこちに写真を飾っています。朝は「おはよう」、仕事から帰ってきたら「ただいま」と、ひばりさんの写真にあいさつをします。

あの人が好きな色は紫でした。紫の花が手に入ったときは、それを生けて写真のそばに飾ります、これ、あなたにあげるね、と。ひとりきりでお酒を飲むときには、陰膳《かげぜん》ではないけれど、ひばりさんのぶんのグラスも用意して一緒に飲みます。その夜も、ひばりさんと一緒にワインを飲んでから寝たら、いい夢が見られました。紫色のアジサイのお花畑のうえを、きれいな衣装を着たひばりさんがふわふわと飛んできて、「メイコ、早くおいで、こっちだよ」と手招きをするのです。夢のなかの私がほほえんでいたことは言うまでもありません。

人は2回死ぬ、とよく言われます。1回は肉体が滅びたとき、あとの1回は、その人の記憶が人々から消えたとき。もしそうなら、お墓は2回死なないように、故人を思い出しに行く場所ということになります。ひばりさんに関しては、その場所が、私の場合はわが家なのです。

ということで、お墓というものにさして思い入れのない私の場合、分骨してもよし、しなくてもよし、が基本的なスタンスです。それなら便利なほうがいいに決まっています。神津さんの分骨の提案に賛成したことは言うまでもありません。喉の骨も間違いなく神津家のお墓に入れるよう、カンナに話しておかなくては。

夫と妻、どちらを先に見送りたいか

神津

3日でもあとに死にたい

ぼくのほうが絶対に先に死ぬものだと、ずっと思ってきました。女房よりも2歳半ほど年上ですし、女性のほうが平均寿命も長いことですし。

でも、いまは3日でも4日でもいいから、なんとか女房よりも長生きしたいと願っています。女房を先に見送らないことには、死ぬに死ねない気持ちなのです。

さんざん書いてきましたが、女房は脚が弱ってきています。いまに歩けなくなるのではないかと、気が気ではありません。

食事の支度もぼくがすべてししているわけで、女房がやったら、塩と砂糖と片栗粉の区別もつかずに放り込んで、とんでもない味のものができあがるでしょう。ブレーカーが落ちたら、それを上げればいいのに、そのことがわからないし、そもそもブレーカーという言葉さえうろ覚えです。

年金がいくら入ってくるかを言っても、いっこうに覚えなくて、パッパ、パッパとお金を遣います。そのあげく、「ねえ、年金ってだれがくれるの?」などとトンチンカンなことを聞いてくる始末です。

これでは、女房がひとり残されたら、生きていけないと不安になって当然でしょう。それなら老人ホームに入ればいいわけですし、女房もそのつもりでいるようですが、先ほども書いたように、施設でのひとりぼっちのさみしさにはたして耐えられるのか、それが心配でなりません。

老いて弱った自分というものをそのまま表に出せる相手は、長い年月をともにし、支え合ってきた夫であり、妻なのだと思います。つまり、自分の身のまわりのことが少しずつできなくなってきたときに、精神的な支えになるのは、みずからのその弱みをさらけ出せる夫、あるいは妻なのです。

女房はずっと女優でした。80年以上も女優をしてきたのですから、プライドも高い。その女房が心を許せるのは、いまはもうぼくだけだと思うのです。だから、ぼくが先に死んだら、その日から女房には精神的な支えがなくなってしまうでしょう。それはかなりつらいことに違いありません。

だから、3日でも4日でもいいから、ぼくが長く生きたい、女房を見送ってから死にたいのです。

メイコ

どちらが先でも大丈夫！

つい最近、カンナから意外な話を聞きました。

「お父さんがね、言ってたんだけど、お母さんを見送ってからでないと、どうしても死ねない。3日でもいいから、自分が長く生きたい、って」

神津サンに直接、「そんなに私って頼りないの？」と聞くと、「いまごろわかったのか？　あんたなんかひとりで生きていけないだろう」と断定します。失礼な。

たしかに、いまも昔も、私は頼りない女かもしれません。神津サンによると、栄養失調ならぬ「常識失調」だそうで、いまだにバスや電車の乗り方がわからないし、カンナに「今日、ひとりでデパートに行ったもんね」と自慢をすると、「外で言いなさんなよ、また恥をかくよ。みんな、あたりまえにできるの、そういうことは」とあきれられる始末です。

このまえも、エアコンのスイッチを入れたとたんに、部屋の電気がすべて消えました。外出中の神津サンに電話をして、「家のなかが真っ暗なの。管理人さんに聞いたら、ブレザーがどうのこうのって」。

「もう黙っていろ、ややこしくなるから。いますぐ帰る。何もさわるな、じっとしていろよ」

帰ってきた神津サンは、「ブレザーじゃなくて、ブレーカー」と言うなり、洗面所へ入っていったと思ったら、つぎの瞬間、部屋がパッと明るくなったのです。世間の人たちがあたりまえにやっていることが私にはできません。1年が365日だということも最近、知ったばかりですし……。

ただし、常識失調であり、頼りない人間でありながら、実は、とてもしっかり者でもあるのです。

3歳、4歳のころから、何か悲しいことがあって泣いていても、「メイコ、本番よ」の声を聞くと、すぐに〝泣いていなかった〟という顔になって控室を出ていったものでした。

これは幼い子どもにはかなりきついことですし、そういうきつい仕事を80年以上も、うつにも、パニック障害にもならずに、元気で続けてきたのです。私は神津サンが考えているよりもしっかり者で、打たれ強い人間です。

そもそも神津サンは、8人きょうだいの末っ子で、かわいがられて育ってきました。お兄さんたちがみんな亡くなって、自分が唯一の男性になると、家長よろしくお姉さんやお母さんの面倒をこまごまと、嬉々としてみてきました。

頼られるのが大好き、「おれがいなくてはダメだ」も大好き。年をとってヨチヨチ歩きの女房は、それでなくても常識失調気味です。神津サンのなかで「おれがいなくてはダメだ」感が高まり、極まって、「3日でもいいから長く生きたい」になったのでしょう。

87歳と85歳——。明日、私が仕事に出かける車のなかで、使い古した心臓がとつぜん止まって、コロッと死んじゃうかもしれません。あるいは、神津サンが干し柿を喉に詰まらせて、あっという間に死んじゃうかもしれません。

死はもうすぐそこ。どちらが先になるかはわかりませんし、どちらが先であっても、それを受けいれるしかありません。

もし、神津サンが先に亡くなったとしても、心配無用です。カンナやはづき、善之介がいますから。頼もしい3人がお葬式や、いろいろな手続きをすべてやってくれるでしょう。

ですから、常識失調の妻はただ夫の死を悼み、悲しんでいればいいのです。そして、四十九日が終わったころには、私は老人ホームに入ることになるでしょう。そこで、お迎えがくるのを待ちながら、テレビ三昧、読書三昧の、冬の陽だまりのようなおだやかな日々をすごしたいと思っています。

あこがれのひとり暮らしが車椅子のうえになるかもしれないのは、ちょっと残念ですが、ぜいたくを言っていたらきりがありません。

反対に、私が先に逝って、神津サンが残されたとしたら？

何もしない私とは違って、神津サンは毎朝欠かさず、ふしぎな体操をして体のケアに余念がありません。足腰も、頭もいまだしっかりしている神津サンなら、最期の最期までいまの家にひとりで住んで、買物に出かけ、ごはんをつくり、洗濯や掃除をこなしながら、1日のうちの数時間は自室にこもって作曲を続けるような気がします。そして、おだやかな死を迎える……。

神津サン、だから、どちらが先に逝ったとしても心配はいりません。

それよりも、もしあの世で再会できたら、豊臣秀吉の話の続きなどをしてください。

おわりに

結婚式をどこで挙げるかふたりで話し合ったときに、未来の女房が「高峰秀子先輩が結婚式を挙げた教会にして！」と言うので、ぼくはさっそく六本木の鳥居坂教会を訪ね、浜崎次郎牧師におめにかかり、お願いをしました。たまたまぼくの姉ふたりが関連の東洋英和女学院を卒業しているので、すぐに快諾していただけたのですが、「にわか教徒」ゆえに、３日間、講話を聞きに行くことが条件になりました。

講話の2日目ぐらいに宗教改革の話があり、浜崎牧師が「マルティン・ルターをご存じですね？」とぼくたちに問いかけました。西洋史で習ったことがあるのでぼくが「はい」と答えようとした瞬間、それまで終始無言だった未来の女房が、突然「はい、知っています！」と元気ハツラツ、明るく大きな声で答えたのです。

浜崎牧師は満足そうに未来の女房にほほえみ、ゆっくりとぼくに、「あなたは？」と顔を向けたので「はい、西洋史の宗教改革で習いました」と小さな声で、地味に答えました。

ぼくはそのとき「この女性のことを間違って理解していたのかもしれない。ぼくも宗教改革程度の知識なのに、マルティン・ルターを知っているかの質問に対して、明るく大きな声で自信に満ちて答えたあの態度は、初めてぼくに見せた未来の女房の姿だ！　よし、ぼくはこの女性と添い遂げる努力をしよう」と考えを新たにしたのです。

結婚生活に入ったある日、女房は読みかけの映画雑誌を広げたまま出かけて行きました。何気なくその雑誌を見ると、そこにはアメリカ喜劇映画の紹介記事があり、歌手で役者のディーン・マーチンとコメディアンのジェリー・ルイスの「底抜けコンビ特集」が載っていて、「マーチン・ルイス大活躍！」と見出しが躍っていました。

そうか！　もしかしたら女房はマルティン・ルターと「マーチン・ルイス」を間違えたのかもしれない。そういえば、ぼくが「西洋史で習いました」と答えたときに、少し変な顔をしたのはそのせいだったのかもしれない……。

この話はこれで終わりです。なぜなら、この件について女房とは話をしていません。無理に「あなたの間違いはこれではないですか？」などと聞くのはおたがいに何の利益にもならないと思うからです。

ただ、このあとぼくは女房に対する考えが変わりました。この女性と添い遂げることを自分の人生のロマンにしようと思い始めたのです。

女房には他人には説明しにくい自尊心もあり、父親の中村正常氏のユーモアあふれる教育によって育まれた自分の生き方があります。

女房は女優というよりも、中村メイコなのです。だから、名女優になろうという気持ちはあまりなく、つねに中村メイコとして生きているのです。

ですから女優としてのわがままは常識内のものですが、中村メイコとしてのわがままは押し通します。

「ぼく以外でこの人と暮らせるのは、田中角栄氏とあと数人ぐらいだろう」というのは半分ジョークですが、田中角栄氏とは非常に話が合いましたし、たぶん角栄氏もつねに田中角栄でいたい人なのだと思ったからです。

怖がりで、自信がなく、複雑な話を嫌い、面倒くさがり、そして、ひとりでいることが大好きなのが女房です。

たぶん、ひとりでいるときには、つねに中村メイコという生まれたときからの友人がそばにいて、ふたりだけでゆっくり話ができるからなのだと思うのです。

2019年9月

神津善行

神津善行（こうづ・よしゆき）

1932年1月、東京生まれ。麻布学園を経て国立音楽大学トランペット学部卒業。
作曲を信時潔、服部正に、トランペットを中山冨士雄、北野博正に師事。
交響詩「月山」、小交響詩「依代」などのほか、映画音楽を330作品担当。
歌謡曲は「新妻に捧げる歌」「星空に両手を」など50曲を作曲。
植物発信波の採取と研究で早稲田大学理工学部特別研究員となり、
理工学部にて15年間講師を務める。
著書は『音楽の落とし物』（講談社文庫）、『ぼくの英才教育』（産報）、
『植物と話がしたい』（講談社）など多数。

中村メイコ（なかむら・めいこ）

1934年5月、東京生まれ。本名は神津五月。父は作家の中村正常。
2歳半のとき映画『江戸ッ子健ちゃん』のフクちゃん役でデビュー。
以後、女優として映画、テレビ、舞台などで幅広く活躍。
1957年に作曲家の神津善行と結婚。一男二女の母。
また、軽妙なエッセイにも定評がある。
著書に『人生の終いじたく』（青春出版社）、
『夫の終い方、妻の終い方』（PHP研究所）などがある。

装幀　石川直美（カメガイ デザイン オフィス）
写真　植 一浩
ＤＴＰ　美創
編集協力　横田 緑
協力　ヴュー企画

87歳と85歳の夫婦
甘やかさない、ボケさせない

2019年10月25日　第1刷発行

著　者　神津善行
　　　　中村メイコ
発行人　見城 徹
編集人　福島広司

発行所　株式会社 幻冬舎
　　　　〒151-0051　東京都渋谷区千駄ヶ谷4-9-7

電話　03(5411)6211(編集)
　　　03(5411)6222(営業)
振替　00120-8-767643
印刷・製本所　錦明印刷株式会社

JASRAC 出 1909928-901

検印廃止

GENTOSHA

Printed in Japan
ISBN978-4-344-03526-3　C0095
幻冬舎ホームページアドレス　https://www.gentosha.co.jp/

この本に関するご意見・ご感想をメールでお寄せいただく場合は、
comment@gentosha.co.jpまで。